MÉMOIRES

DU COMTE

BELLIARD.

PARIS. — IMPRIMERIE DE TERZUOLO, RUE MADAME, 30.

MÉMOIRES

DU COMTE

BELLIARD,

LIEUTENANT-GÉNÉRAL, PAIR DE FRANCE,

ÉCRITS PAR LUI-MÊME,

Recueillis et mis en ordre

PAR M. VINET,

L'UN DE SES AIDES-DE CAMP,
Chef de Bataillon en retraite,
Officier de la Légion-d'Honneur, Chevalier de l'Ordre des Deux-Siciles.

III

PARIS.
BERQUET ET PÉTION, ÉDITEURS,
Libraires-Commissionnaires,
11, RUE DU JARDINET.

1842

MÉMOIRES

DU

GÉNÉRAL BELLIARD,

ÉCRITS PAR LUI-MÊME.

LETTRES

DU MINISTRE DE FRANCE EN HOLLANDE.

1831.

—

La Haye, 20 mars 1831.

A Monsieur le Général Comte Belliard,

Monsieur le Comte,

Quoique nous soyons peu éloignés l'un de l'autre, les moyens de communication entre nous sont fort rares, et ma correspondance avec Paris éprouve également des lenteurs qui me rendent précieuse toute occasion d'écrire plus directement. Je profite donc de celle qui se présente, pour vous adresser le paquet ci-joint, que je vous serai obligé d'envoyer par courrier jusqu'à Valenciennes, si vous n'avez pas vous-même une occasion pour Paris.

Permettez que j'y ajoute une lettre pour M. Bresson, dont j'ignore la situation présente. S'il n'est plus près de vous, veuillez la lui adresser.

Vous savez sûrement qu'on a fait ici des dispositions militaires fort considérables. Il n'y a point d'exagération à dire que l'armée hollandaise se compose effectivement de soixante et dix mille hommes, dont la moitié en troupes réglées, le reste en garde nationale mobilisée, habituée, instruite, et qui ne manque ni de dévouement ni d'ardeur. C'est une défensive qui, à la moindre aggression, pourrait se montrer formidable, et qui aurait l'assentiment de plus d'une puissance. Le prince Frédéric part après-demain pour Breda. Le général de Constant Tebecque est son chef d'état-major.

Si vous aviez quelque moyen de me transmettre

directement des nouvelles de Bruxelles et de Paris, vous me rendriez service et je vous en serais fort reconnaissant.

Agréez, monsieur le Comte, les assurances de la haute considération avec laquelle j'ai l'honneur d'être,

Votre très humble
et très obéissant serviteur,

Le baron de MAREUIL.

La Haye, 28 mars 1831.

A Monsieur le Général Comte Belliard,

Monsieur le Comte,

Je reçois aujourd'hui, par la poste, votre lettre du 24, et je m'étonne fort que la mienne, qui était du 20, vous soit arrivée si tard, portée par occasion qu'on m'avait dit prompte et sûre. Celle-ci vous sera remise par un courrier que je renvoie à Paris et à qui j'ai reproché de n'avoir pas pris vos ordres en passant à Bruxelles.

Je ferai faire dans nos archives les recherches que vous désirez; mais le partage des pièces entre les deux légations demande des formes et du temps. J'aurai aussi l'honneur de vous transmettre les instructions que nous avons ici sur les passeports, certificats, etc., etc., etc.

J'avais été chargé de demander au gouvernement hollandais quelques explications sur les armemens extraordinaires dont vous avez eu connaissance.

On m'a de nouveau et formellement assuré que c'était de la pure défensive, et il faut convenir que certaines circonstances de la Belgique y donnent prétexte. Il serait dangereux pour tout le monde que les choses fussent poussées au point d'exciter des représailles. On nous avait dit que vous étiez déjà retourné à Paris. Je vois avec plaisir qu'il n'en est rien et que vos bons conseils seront sans doute écoutés et suivis.

Agréez, Monsieur le Comte, les assurances de ma haute considération,

Le baron de MAREUIL.

La Haye, 4 avril 1831.

A Monsieur le Général Comte Belliard,

Monsieur le Comte,

Votre courrier m'arriva hier à sept heures. Aussitôt que j'eus lu votre lettre et parcouru les gazettes qui y étaient jointes, je me rendis chez l'ambassadeur d'Angleterre, à qui je remis le paquet de lord Ponsomby.

Nous fûmes immédiatement d'accord qu'il n'y avait pas un moment à perdre pour informer le gouvernement hollandais d'une circonstance dont les suites pouvaient être graves. Comme le prince Frédéric se trouvait à La Haye depuis le 2, au soir, l'ambassadeur se rendit chez lui et j'allai chercher le ministre des affaires étrangères. Je ne le trouvai pas : dans la crainte de n'être pas plus heureux une seconde fois, je mis par écrit le détail que vous m'aviez transmis. Mais étant retourné à dix heures chez M. de Verslock, je le rencontrai avec sir Charles Bagot qui avait déjà vu le prince. Nous donnâmes donc conjointement au ministre connaissance du fait dont votre lettre faisait mention, et qui résultait également d'une note verbale remise à lord Ponsomby, par le ministre des affaires étrangères à Bruxelles.

Ni le prince ni le ministre n'avaient reçu aucun rapport sur cette affaire. Ils ne pouvaient comprendre l'objet d'une telle occupation; ils s'empresseraient d'en faire part au roi, mais ils prévoyaient que le roi voudrait attendre quelque information du général Chassé pour prendre une décision.

Nous nous appliquâmes, l'ambassadeur et moi, à faire sentir l'urgence du moment, et combien il serait dangereux de laisser subsister, sous un prétexte quelconque, une violation de territoire si contraire à la suspension d'armes et aux décisions de la conférence pour la démarcation des limites. M. de Verslock ne parut pas moins frappé de ces considérations que le prince lui-même ne l'avait été.

Je viens de recevoir la réponse du ministre et je vous en adresse copie. Je ne suis pas en mesure de poursuivre aucune discussion sur un fait dont les relations ne s'accordent pas; mais le point capital était d'obtenir que l'ordre fût transmis immédiatement de faire cesser, sans délai, toute occupation d'une partie quelconque du territoire belge, et c'est à la fois l'opinion de l'ambassadeur et la mienne, que cet ordre a été transmis plus formel encore qu'il n'est annoncé.

Malgré la confiance qu'on met ici dans les forces qu'on a su réunir et qui se montrent pleines de dévouement, on sent trop bien toutes les conséquences d'une première aggression pour s'y porter imprudemment, et si vous continuez à obtenir des Belges la même réserve, j'espère encore que ce ne sera pas de ce côté que la guerre pourra s'allumer.

On me donne de Londres les mêmes nouvelles que vous m'avez transmises. La Belgique ne peut pas demeurer dans cet état provisoire qui porte de si tristes fruits et dont notre propre tranquillité pourrait se ressentir.

Ci-joint une lettre de sir Charles Bagot. Je sais qu'il s'y réfère à ce que j'ai l'honneur de vous écrire, dans la pensée que vous donnerez connaissance à lord Ponsomby de la réponse de M. Verslock.

Aussi souvent qu'il y aura lieu d'intervenir ici pour éloigner toute cause d'hostilités, comptez sur mon empressement à seconder vos efforts.

Agréez, Monsieur le Comte, les assurances de ma haute considération,

Le baron de MAREUIL.

P. S. Ci-joint une dépêche pour le ministre, que je vous serai obligé de lui faire parvenir par occasion, au moins jusqu'à Valenciennes.

La Haye, le 4 avril 1831.

A Monsieur le Baron de Mareuil.

Monsieur le Baron,

En réponse à l'office que vous avez bien voulu me remettre dans la soirée d'hier, je m'empresse de porter à votre connaissance que, selon un rapport parvenu à S. A. R. Monseigneur le prince Frédéric, le fait dont il est question dans cet office se réduit au rétablissement, à Calloo, d'après les ordres de M. le lieutenant-général Chassé, et sous la protection d'une chaloupe cannonière et d'un officier du génie, avec environ 24 soldats, d'une coupure fermée par les habitans. Il est tellement insignifiant que, dans ledit rapport, cet objet est traité en passant, et que le département de la guerre n'en a reçu aucune communication. Afin d'en pouvoir mieux juger et prendre une détermination à cet égard, le gouvernement va inviter M. le général Chassé à lui transmettre les indications nécessaires, et dans l'intervalle, *il lui* sera recommandé de laisser la question intacte. Je me permets d'ajouter que, dans l'avis qu'on a reçu, il n'est pas question du fort Sainte-Marie.

Agréez, etc., etc.

Signé : TENSTOLK DE SOELEN.

La Haye, 9 avril 1831.

A Monsieur le Lieutenant-Général Comte Belliard,

Monsieur le Comte,

Vous avez vu, par la lettre en date du 4 de ce mois, que j'ai eu l'honneur de vous écrire, et par celle du baron de Verslock qui s'y trouvait jointe, que, malgré le défaut d'information où l'on était ici sur le fait dont connaissance vous avait été donnée par le gouvernement belge, savoir, l'occupation du fort Ste-Marie par un détachement hollandais, des ordres avaient été transmis au général Chassé pour qu'il eût à s'expliquer sur cette circonstance et à remettre toutes choses dans l'état où elles devaient être, conformément à la suspension d'armes. La réponse du général Chassé, en date du 6, est arrivée hier, et m'a été communiquée ce matin.

Il paraît en résulter :

Que le fort Ste-Marie n'a pas été un seul instant occupé par les Hollandais ;

Que le détachement de 24 hommes, qui s'était porté momentanément sur la rive gauche de l'Escaut du côté de Calloo, n'avait eu effectivement pour objet que de rétablir des coupures qui existaient à l'époque du 21 novembre, et qui étaient jugées nécessaires à la défense de la tête de Flandres et de Licfeuhouk, points occupés par les Hollandais et devant rester dans leurs mains aussi longtemps qu'ils tiendront la citadelle d'Anvers ;

Que ce détachement avait quitté la rive gauche dès que l'opération dont il était chargé avait été terminée ;

Que la position de Calloo et le fort Ste-Marie avaient été, le 3 de ce mois, réellement occupée par les Belges ;

Et qu'enfin, dans la nuit du 3 au 4, ces troupes belges avaient fait feu sur le bateau de poste qui fait le service de la citadelle d'Anvers et Bergopzoom.

Vous voyez, Monsieur le Comte, que ces faits sont peu d'accord avec ce que vous avait communiqué le gouvernement belge, ainsi qu'à lord Ponsomby, et quant à l'attaque dirigée contre le bateau de poste hollandais, ce serait une atteinte si positive à la suspension d'armes et à la navigation de l'Escaut, que j'ai peine à y ajouter une foi complète. Vous comprenez cependant que, n'ayant rien à opposer aux détails qui m'étaient mis sous les yeux, j'ai même été embarrassé de répondre aux conséquences sévères qu'on en tirait contre les Belges. Si vous aviez donc quelques éclaircissements à opposer à ceux qui m'ont été donnés, je vous serais obligé de m'en faire part.

Cette lettre vous sera remise par M. le comte de La Rochefoucault, premier secrétaire de la légation de France à La Haye, qui se rend à Paris. Il aura l'honneur de se présenter chez vous pour prendre vos dépêches.

J'ai reçu la lettre du 1er de ce mois, par laquelle vous me mandez de prendre des informations sur le sort d'un Français, Alphonse Fouyé, qu'on suppose pouvoir être prisonnier en Hollande. J'ai fait à ce sujet les démarches nécessaires, et j'aurai soin de vous en faire part.

Agréez, etc.

LE BARON DE MAREUIL.

La Haye, 10 avril 1831.

A Monsieur le Général Belliard.

Monsieur le Comte,

Je reçois aujourd'hui votre lettre du 6, et justement M. de La Rochefoucault est parti ce matin avec la mienne d'hier, relative à l'objet qui nous a tous occupés depuis quelque temps.

Nous ne pouvons être trop surpris l'un et l'autre des différences qui se trouvent dans les rapports qui nous sont communiqués. Chaque intérêt leur donne la couleur qui lui est propre, et chaque parti cherche à mettre les torts du côté de son adversaire.

Mais je remarque dans cette circonstance un principe et un fait qui méritent d'être examinés.

Le principe est celui qui se rattache à la situation politique du terrain sur lequel la contestation s'est passée.

Ce terrain est belge et doit rester belge ; il n'y a pas de doute à cet égard, mais les Hollandais prétendent, qu'en vertu de la suspension d'armes qui met les parties belligérantes dans la nécessité de reprendre les positions qu'elles occupaient au 20 novembre, la portion de pays située à la rive gauche de l'Escaut, entre la tête de Flandres et Lieftenhoeck, n'étant point à cette époque occupée militairement par les Belges, ils ne peuvent pas l'occuper aujourd'hui ; que de plus, ce territoire est compris dans la ligne de défense des deux forts cités ci-dessus et qui sont encore en la possession des Hollandais, de sorte qu'ils ont eu le droit de rétablir des coupures faites dans l'intérêt de cette défense et que les Belges avaient réparées, et qu'ils sont autorisés à trouver une infraction de la suspension d'armes dans l'envoi de troupes que les Belges viennent de faire à Calloo, Sainte-Marie, etc.

Je vous donne, Monsieur le Comte, l'argumentation du gouvernement hollandais, qu'appuie effectivement l'ambassadeur d'Angleterre, mais je n'ai point reconnu l'application qu'on veut faire ici de la clause des positions du 20 novembre, et si je ne me suis pas prononcé aussi formellement que vous paraissez le faire sur le droit qu'auraient les Belges d'occuper lesdites positions, je n'ai point admis qu'elles leur fussent interdites, et j'ai soutenu qu'ils avaient eu motif d'être étonnés, inquiets du débarquement opéré auprès de Calloo et des travaux qui l'avaient suivi. Je sais d'ailleurs que le roi de Hollande a fait porter tout le détail de cette contestation à la connaissance de la conférence de Londres, regardant que c'est à elle à prononcer sur les conditions de la suspension d'armes.

Mais vient ensuite le fait grave dont j'ai dû vous entretenir; savoir : les coups de fusil tirés dans la nuit du 3 au 4, par les Belges, sur un bateau de poste hollandais. Il paraîtrait que cette circonstance ne vous a point été révélée, et il me semble qu'elle mérite votre attention.

Je ne crois pas que, d'après les ordres transmis au général Chassé, on fasse de son côté aucune tentative pour s'établir sur les points désignés; mais peut-être serait-il désirable que les Belges retirassent aussi les troupes qu'ils y ont envoyées afin d'éviter les collisions que nous venons de prévenir, et dont les suites pourraient être dangereuses.

Nous avons, vous et moi, une tâche difficile, celle d'empêcher qu'entre deux peuples si exaspérés, la moindre étincelle ne fasse éclater subitement des hostilités qui compromettraient le repos de l'Europe. Tâchons d'y réussir, afin que les négociations entamées conservent leur influence, et que notre gouvernement lui-même ne se trouve pas transporté malgré lui hors du système de modération et de force qu'il a combiné pour le maintien de la paix, ainsi que pour l'honneur de la France.

Agréez de nouveau, Monsieur le Comte, les assurances de ma haute considération.

Le baron de MAREUIL.

La Haye, 30 mai 1831.

A Monsieur le lieutenant-général Comte Belliard, etc., etc., a Bruxelles.

Monsieur le Comte,

J'ai reçu hier, vers quatre heures après-midi, la lettre en date du 28 que vous m'avez fait l'honneur de m'écrire, et les pièces qui y étaient jointes. M. l'ambassadeur d'Angleterre, que je vis aussitôt, me communiqua de son côté la lettre qu'il avait reçue de lord Ponsomby, et nous nous rendîmes à l'instant chez le baron de Verstolk pour faire en commun, près de lui, les démarches nécessaires, afin d'obtenir du roi qu'il voulût bien donner des ordres pour que l'augmentation de ses forces maritimes dans l'Escaut ne devînt pas un nouveau sujet d'inquiétude, et ne donnât pas naissance à de nouvelles difficultés, dans un moment où, par suite de l'heureux accord qui s'était établi entre vous, la mission anglaise et le général Chassé, les irritations réciproques paraissaient calmées, et toute crainte de rupture de la suspension d'armes pour le moins éloignée.

A peine eûmes-nous fait connaître au baron de Verstolk l'objet de notre visite, qu'il nous fit part d'un rapport venu du général Chassé, et dans lequel se trouvait la copie d'une lettre qu'il doit vous avoir adressée le 27, en réponse aux vôtres du 23, du 25 et du 26. Cette copie était restée chez le roi, et M. de Verstolk ne put nous l'envoyer qu'après dix heures du soir, en nous demandant de vous la transmettre, parce qu'il paraît que les dépêches du général Chassé, quelque soin qu'il y apporte, ne vous arrivent pas toujours directement, ni les vôtres à lui.

Vous voyez donc, monsieur le Comte, que nous n'avions plus rien à demander par rapport à l'accroissement dans l'Escaut des forces maritimes de la Hollande, si non que le gouvernement confirmât les dispositions prises à cet égard par M. le général Chassé, et nous devons croire, d'après les paroles du ministre, que cela même a été fait.

Vous trouverez de plus, dans la lettre du général, l'explication des motifs qui ont successivement occasionné l'envoi de quelques bâtiments de renfort vers la citadelle, et il nous a semblé que ces considérations n'étaient pas sans valeur, ainsi que toutes celles qui ont pour objet de réclamer le retour simultané des deux parties à l'état de choses qui existait à l'époque de la suspension d'armes et de la convention qui l'a suivie. Il serait bien malheureux, comme vous le dites, qu'au moment où les négociations de Londres paraissent toucher à une conclusion, quelque éclat vînt créer de nouveaux obstacles, et éloigner le rétablisssement d'une paix complète entre deux pays qui en ont sans doute un égal besoin. Mais vos efforts, ceux du ministre anglais, et d'un général à qui vous rendez pleine justice, réussiront sans doute à prévenir une rupture, et chaque fois que je pourrai vous y seconder, soyez sûr de mon empressement.

Je ne puis pas vous répondre encore sur les faits relatifs à quelques parties du Limbourg; vous n'ignorez pas que les portions de territoire possédées autrefois par la Hollande dans cette province, étaient tellement éparpillées sur les deux rives de la Meuse, que les prétentions réciproques ne sont pas aujourd'hui d'une facile appréciation. Je me réserve donc d'examiner cette affaire avec sir Charles Bagot, et de faire avec lui les présentations que nous jugerons nécessaires.

Quant à la négociation relative au Luxembourg, elle n'est pas aussi avancée que vous paraissez le croire. J'ai mandé à Paris quelle avait été la première réponse du cabinet, et j'ai quelque raison de penser qu'on ne pourra donner une suite efficace aux premières ouvertures, que quand le gouvernement belge aura lui-même adhéré aux conditions de la séparation, telles qu'elles ont été stipulées par la conférence et acceptées par le roi de Hollande.

Voici, monsieur le Comte, une nouvelle dépêche du général Chassé arrivée cette nuit, et que nous sommes aussi requis de vous transmettre.

Agréez, monsieur le Comte, l'assurance de ma haute considération.

Baron de MAREUIL.

P. S. Ci-joint une lettre pour Paris, que je recommande à vos soins.

La Haye, 1er juin 1831.

A Monsieur le lieutenant-général Comte Belliard.

Monsieur le Comte,

Voici encore une lettre que le général s'est vu dans le cas d'écrire à votre excellence, qu'il transmet à son gouvernement avec prière de vous la faire parvenir, tant il demeure persuadé que celles qu'il vous adresse directement ne vous sont pas exactement remises. Je me suis donc réuni à monsieur l'ambassadeur d'Angleterre pour vous envoyer cette lettre, qui s'adresse en même temps à la mission anglaise. Peut-être bien ne vous arrivera-t-elle qu'après qu'il y aura eu telle détermination prise à Bruxelles, qui changerait fort les situations du moment ; mais, malgré ce que nous savons déjà de la séance du 28 au congrès, il faut espérer encore que cette assemblée souveraine aura fini par mieux comprendre la position du pays et ses intérêts.

Je vous serais fort obligé, monsieur le Comte, si vous vouliez, par le retour du courrier, me donner connaissance des résolutions du congrès et des premiers effets qu'elles auront produits.

J'ai l'honneur d'être, avec une haute considération, monsieur le Comte, votre très-humble et très-obéissant serviteur.

Baron de MAREUIL.

LETTRE DU COLONEL R...

Paris, 1er avril 1831.

Mon Général,

J'ai l'honneur de vous rendre compte qu'étant arrivé ici ce matin à huit heures seulement, je me suis rendu de suite à l'hôtel des affaires étrangères, et qu'à neuf heures et demie, j'ai été reçu par le ministre, à qui j'ai remis vos dépêches; il les a reçues et lues sans mot dire, a eu à s'occuper d'autres affaires, et lorsque, pour la seconde fois, je lui ai demandé quand je devrais venir prendre ses ordres et lui donner les renseignemens qui ne peuvent être développés par écrit, il s'est levé et m'a dit : « Ce sont tous des fous, ils veulent se perdre; ils comptent sur la France, mais nous ne voulons pas porter la peine de leurs folies : les puissances sont d'accord, etc. » J'ai essayé de lui prouver que cet accord n'est qu'apparent, en lui rapportant tout ce que vous m'avez dit, mon général, sur la conduite de lord Ponsomby dans les dernières circonstances; mais il n'a prêté que peu d'attention à ce que je lui disais et répétait : « Le général Belliard est mal informé, il se trompe : on parle toujours d'argent distribué, c'est un conte, ou du moins ce n'est pas l'Angleterre qui fait distribuer de l'argent, cela est certain. » J'ai cherché à lui donner tous les renseignements que vous m'avez confiés; il m'interrompait ou restait inattentif. Il ouvrait des dépêches, les lisait ou parcourait les journaux, y cherchait ce qu'on y disait de son discours d'hier à la Chambre des députés : il s'informait aussi à un aide-de-camp de ce qu'en disaient d'autres journaux.

Quand vous aurez lu ce discours, vous verrez, mon général, le rapport qu'il y a entre lui et vos dépêches. Vous verrez pourquoi je vous entretiens de ces détails.

Après avoir vainement cherché l'occasion de remplir ma mission auprès du ministre, j'ai saisi le moment où il terminait la lecture d'un long cahier pour lui demander quand je devrais venir prendre ses ordres, il m'a dit alors que je pouvais aller me reposer et que je devrais retourner près de lui à la même heure demain, qu'il parlerait de vos dépêches aujourd'hui au conseil... c'est-à-dire qu'il veut en parler dans le sens de ses préoccupations, en repoussant tout ce qui peut les combattre. J'oubliais de vous rapporter un mot par lequel il a arrêté les développemens que j'essayais de lui présenter d'après vos ordres : *Les Belges n'ont que des idées folles; qu'ils y prennent garde, on les partagera.* Il répondait par là à ce que je lui disais que les Belges comptent sur la France, parce que la France est intéressée à ne pas laisser tomber leurs places fortes entre les mains des Anglais ou des Prussiens.

Ces détails vous affligeront, mon général, mais je vous dois toute la vérité, et si mon inhabileté nuit à vos efforts, j'aurai du moins le mérite de vous avoir fait connaître fidèlement quelles sont les dispositions du ministre.

Quelque défavorable que soit le début de la mission que vous m'avez confiée, je ne dois pas oublier la seconde partie de ma mission. Je dois voir le roi, et c'est afin d'avoir cet honneur avant le conseil, que je vous écris à la hâte. Là, j'espère être écouté ; là, vous serez entendu : puissé-je être votre fidèle interprète ; je n'espère pas pouvoir aujourd'hui vous rendre compte de l'audience que je vais de ce pas solliciter ; je le ferai par le courrier de demain. Je sens que ma position est délicate, j'ai à exposer votre opinion que le ministre ne partage pas : mais je m'efforcerai de ne rien dire que vous puissiez désavouer. Tout ce que vous m'avez dit était si clair, si nettement analysé, que ce serait bien ma faute si je le reproduisais infidèlement.

J'ai l'honneur,

Le colonel ***.

DU MÊME.

Paris, 1er avril 1841.

Mon général,

Je n'espérais pas arriver si promptement auprès du roi ; mais le général Baudrand était de service ; je lui ai fait dire que je désirais lui parler. Il m'a reçu presque aussitôt : je lui ai demandé à avoir une audience du roi, à qui j'avais à parler de votre part. S. M. se trouvait précisément dans les appartemens du duc d'Orléans, et m'a reçu dans le salon même où je me trouvais.

Le roi m'a accueilli avec la plus grande bonté ; j'ai pu lui dire quelle est la situation de la Belgique, ce que vous avez fait pour arrêter les machinations des orangistes et de lord Ponsomby : quelles étaient les dispositions actuelles de celui-ci et de la majorité des Belges influens : je lui ai exposé, toujours en votre nom, quelles seraient les quatre combinaisons qui pourraient tirer la Belgique de la position déplorable où elle se trouve, leurs chances, les conditions d'acceptation... mais j'ai dû m'abstenir de donner tous les développemens que vous aviez jugés nécessaires, mon général, parce que le roi m'a déclaré que, quelque folies que puissent faire les Belges, la France ne s'exposerait pas à la guerre. Le général Baudrand m'avait dit que la princesse n'accepterait pas le prince de Saxe-Cobourg, et S. M. pense que les deux gouvernemens ne s'accorderont jamais sur ce point. Restait donc le quatrième projet, celui qui conviendrait le moins aux Belges. Le roi était impatient de savoir quel il était; le général Baudrand m'avait dit que le roi et la reine y tenaient par affection pour le prince de Naples. Je cherchai donc à tout dire d'abord sur les trois premiers; enfin, j'ai dit quelle répugnance auraient les Belges pour un prince élevé dans les principes de l'absolutisme... Le roi, tout en regardant cette répugnance comme mal fondée, est convenu de l'impossibilité de la détruire.

J'ai parlé de l'association, de sa tendance, de l'action qu'elle a eue dans les derniers événemens, de votre influence sur les membres modérés ; etc., je n'ai pas pu tout dire : le roi paraissait fixé dans son opinion et profondément affecté de l'impossibilité où il croit se trouver de sauver la Belgique de ses propres excès.

S. M. ne croit pas possible d'obtenir la réunion du Luxembourg, que les traités lient à la confédération germanique. « En temps de paix, m'a-t-elle dit, les traités sont tout ; en cas de guerre, la force seule décide, et la France ne fera pas la guerre pour le Luxembourg et pour enlever sa forteresse à la confédération. Quant à Maëstricht, les Hollandais s'y sont encrés et les Belges ne pourront s'en emparer. » Au sujet de la rive gauche de l'Escaut, le roi ne regarde pas sa cession comme impossible, mais cela ne suffirait pas pour contenter les Belges.

Signé : Colonel ***

DU MÊME.

Paris, 2 avril 1831.

Mon Général,

J'ai eu l'honneur de vous informer, dans ma première lettre d'hier, que je devais retourner ce matin chez le ministre des affaires étrangères. J'avais lieu de craindre d'en recevoir un mauvais accueil, pour avoir demandé une audience au roi sans l'en avoir prévenu : j'avais une excuse, vous m'aviez ordonné de m'adresser au général Baudrand pour obtenir cette audience; mais il me répugnait de rejeter sur vous, mon général, le tort que le ministre pouvait me reprocher, et j'avais une autre justification toute prête ; cependant j'ai désiré consulter le général Baudrand, qui m'a fait espérer que le roi n'avait pas parlé à son ministre de votre mandataire. Effectivement, le général Sébastiani ne m'a fait aucun reproche, et voici ce qu'il m'a dit en faisant une très-longue pose entre les deux parties de sa phrase :

« Je vous enverrai à Bruxelles dans deux ou trois jours, en attendant, écrivez dès aujourd'hui au général Belliard (je lui écrirai officiellement dans le même sens), vous lui direz.... qu'il cherche à contenir les Belges, et qu'il leur dise bien que s'ils font des sottises ils en porteront la peine; que la France ne se compromettra pas pour soutenir leurs folies, qu'elle n'a pas été créée et mise au monde pour se sacrifier pour eux, etc. » C'est à cela à peu près que s'est bornée la communication qu'il devait me faire après le conseil d'hier soir.

J'ai revu ensuite le général Baudrand qui désirait savoir ce que m'aurait dit le ministre, et j'ai cru devoir le prier de dire au roi deux choses que je n'ai pu lui dire moi-même. La première, que vous auriez désiré venir vous-même exposer à Sa Majesté la situation de la

Belgique..... et le reste comme vous me l'aviez recommandé. La deuxième, que vous espériez que le gouvernement prendrait une décision bien arrêtée et ne vous donnerait d'ordres d'exécution qu'avec la ferme résolution de ne pas démentir les promesses que vous feriez en son nom ; que vos principes, votre position, la confiance dont vous jouissez à Bruxelles ne vous permettaient pas d'employer la déception....... Enfin j'ai cherché à rendre fidèlement ce que vous m'aviez clairement exprimé à ce sujet. Le général Baudrand n'était pas très disposé à se charger de suppléer, sur le second chapitre, à mon omission ; il s'attendait à être mal accueilli par le roi, qui ne convient pas que son ministre ait trompé les Belges à l'occasion de l'élection du duc de Nemours. Cependant, après quelques explications, dans lesquelles je lui ai déclaré que si j'avais l'honneur de reparaître devant le roi je compléterais ma mission, il me dit qu'il parlerait..... et il le fera sans doute avec ménagement.

J'ai vu aussi M. le général Saint-Cyr Nugues,

c'est de lui que je tenais ma mission près de vous, mon général, je devais lui rendre compte de ce que j'ai fait, des obstacles, et il m'a demandé si je ne verrais pas le ministre de la guerre. N'ayant pas d'ordres de vous à cet égard, je lui ai répondu que je ferais ce qu'il jugerait convenable, et, comme il a pensé que le ministre ne devait pas ignorer mon arrivée et mon séjour à Paris, il l'en préviendra et me fera savoir si je dois me présenter. Il m'a bien observé que je pourrais ne dire au maréchal que ce que je croirais ne pas devoir lui céler; mais pourquoi ne lui dirais-je pas tout ce que vous m'aviez ordonné de dire au général Sébastiani : le tout ne devait-il pas être rapporté au conseil, et si quelque chose n'est pas connu du conseil, n'est-ce pas seulement parce que le général Sébastiani n'a pas jugé à propos de m'entendre! Je désire, mon général, que vous ne me désapprouviez pas sur ce point, et je vous donne l'assurance que j'userai de la plus grande réserve avec le ministre de la guerre.

Signé : LE COLONEL R...

Bruxelles, 29 mars 1831.

A Monsieur le Général Belliard.

Général,

Le mouvement populaire s'est arrêté; il laisse le reste de la semaine au régent pour donner pleine et entière satisfaction aux vœux nationaux; après ce délai, il commence et se fait justice de ses mains.

Ce que le parti du mouvement demande, exige, le voici : une enquête sévère doit être établie à l'égard des chefs civils et militaires accusés d'orangisme. Jusqu'à parfaite justification de leur part, ils ne doivent exercer aucun pouvoir, aucun emploi. Grégoire, Borremans, Nypch, Vandersmissen, doivent être jugés, et jugés promptement. Un emprunt forcé de 25 millions de francs doit être décrété. Enfin, on exige *impérieusement* la reprise des hostilités avec la Hollande.

Voici maintenant les moyens que le mouvement a de se faire obéir :

Bruxelles se divise en huit sections; les quatre premières sont composées de ce qu'il y a de plus brave et de plus entreprenant, ce ne serait pas même aller trop loin que d'avancer qu'à elle seule, la troisième suffirait à tout culbuter; or, ces quatre sections sont dans les mains du mouvement; ajoutez à cela qu'il y a presque partage égal d'opinions dans la sixième et la huitième; il ne resterait donc au gouvernement que les cinquième et septième sections sur lesquelles il put compter pour fuir au premier coup de fusil; il existe dans la garde civique plus de neuf mille hommes qui montent la garde pour de l'argent; ce fait explique à lui seul pourquoi le régent ne pourrait opposer au mouvement cette force d'inertie que le roi des Français a trouvé, jusqu'ici, dans la garde nationale parisienne, toute différemment composée.

Quant à la troupe de ligne, on ne la ferait pas battre *sérieusement* contre le peuple. Le soldat est peuple, et les officiers qu'il affectionne sont des hommes de la révolution, c'est-à-dire du mouvement; donc il faut donner satisfaction au peuple, ou s'attendre à le voir tout renverser, pour se porter en avant.

En effet, la position actuelle est intolérable, et l'on ne voit pas trop ce que l'on peut risquer à en sortir; quand on est au pire, qu'importe la perspective du mal! On dit aux Belges : si vous recommencez les hostilités, la France vous abandonnera. Non, disent-ils, la France n'abandonnera pas des positions militaires qui sont la clef de sa propre indépendance; si le gouvernement l'ose faire, il périra, roi et ministres, et c'est ce que nous souhaitons! A des gens acculés à un abîme, il n'est vraiment pas facile de faire entendre qu'il est de leur intérêt de ne pas l'avouer. La diplomatie a fait le beau chef-d'œuvre que vous voyez; si c'est là du talent, je m'y perds.

Mais remarquez, je vous prie, général, que je ne vous donne point ici mon opinion, je ne fais que répéter ce qui se dit partout, que mettre sous vos yeux les faits qui se passent sous les miens, les conséquences, c'est à votre sagesse à les tirer.

Il en est une cependant que je ne puis m'empêcher de déduire moi-même, en finissant cette lettre que je n'ai pas le loisir de mettre au net.

Le parti orangiste n'ayant point d'autre opinion politique que *d'arriver à un état stable quelconque*, sa déconfiture l'a fait passer en masse au parti de la réunion. Les indépendans se sont cassé le bras en écrasant l'orange. Ceci mérite d'être médité.

J'ai l'honneur d'être avec respect,

Général,

Votre très humble, très obéissant serviteur et fidèle compatriote,

***

P. S. Un mouvement vient d'avoir lieu à Liége; Anvers n'y échappera point non plus.

Bruxelles, le 9 avril 1831.

On se prépare sérieusement à la guerre. J'ai rédigé hier un projet d'organisation de huit bataillons de volontaires de 583 hommes chacun, destinés à marcher sur le Luxembourg. Il paraît qu'une levée en masse sera faite dans cette province. Congrès, peuple, régent, ministres, tout le monde est résolu à ne pas accepter le protocole. Il est évident, pour qui connaît l'allure des esprits, que l'espoir de forcer la France à intervenir et à fixer le sort de la Belgique par une réunion entre pour beaucoup dans cette résolution. On vient d'ordonner l'envoi d'une batterie de pièces de position dans le Luxembourg. Les fortes têtes du pays croient que le moment est venu de porter le dernier coup au ministère français, qui semble en effet chanceler de l'effort qu'il a fait contre les associations nationales. Jamais l'avenir n'a été plus gros d'événemens plus prochains et plus redoutables.

Voici ce que j'ai pu savoir de plus positif sur la force et la situation de l'armée :

Onze régiments de ligne sont formés, présentant aujourd'hui chacun un effectif de guerre de 1,800 baïonnettes. Un douzième régiment se forme. Les élémens qui doivent servir à son organisation permettent de croire qu'il comptera bientôt aussi 1,800 baïonnettes. Total de l'infanterie de ligne pouvant entrer en campagne. 21,000 h.

Les trois régiments de chasseurs à pied donneront, l'un portant l'autre, 4,500 baïonnettes ; il faut y ajouter le régiment de Rogier, qui a 600 hommes. Total de l'infanterie légère pouvant entrer en campagne. . . 5,100

La cavalerie fournira quatre escadrons par régiment. Peut-être n'y en aura-t-il que trois de cuirassiers, mais le 2ᵉ chasseurs en fournira cinq au moins. Total de la cavalerie pouvant entrer en campagne. 2,000

On peut compter sur dix batteries de campagne attelées et munies de leurs

forges et caissons. Total 60 pièces et
à peu près. . . . . 360 h.

Je ne sache pas qu'il y ait d'équipage de pont disponible; je m'en informerai. Toujours est-il que, pour commencer le guerre le 15 avril, on peut compter sur une armée de 30,000 hommes, qui se serait bientôt procuré l'artillerie qui lui manque pour avoir trois pièces par mille hommes, et se tiendrait au complet, les dépôts ayant les forces nécessaires pour réparer les pertes de la campagne.

Les forts de Liége, Venloo, Huy, sont largement approvisionnés en munitions et artillerie. Quelques provisions de vivres ont été faites. Il sera facile de compléter les magasins pour trois mois.

Les deux tiers et plus de l'armée sont stationnés dans la province d'Anvers, le Limbourg et le pays de Liége. Le reste, se montant à huit mille hommes environ, est dans les Flandres, le Hainaut, Namur et le Luxembourg, mais dans le Luxembourg il n'y a presque rien. Je pense qu'on a l'intention d'y envoyer la majeure partie des 3,000 hommes qui sont dans les places du côté de la France. ***

Bruxelles, le ...

Si je ne vous ai pas écrit plus tôt, c'est que j'étais chargé de différentes missions qui ont employé jusqu'à présent tout mon temps. La première de ces missions était pour aller rétablir l'ordre à Malines, où la population faisait cause commune avec le régiment de lanciers révolté contre ses officiers et son général. Muni de pleins pouvoirs, j'étais résolu de mettre la ville en état de siége et de faire arrêter tous les officiers suspects, mais ces derniers étaient déjà partis lorsque j'arrivai. Pour remédier au mal qui devenait de plus en plus sérieux, parce qu'il gagnait le bataillon d'infanterie qui se trouvait dans cette ville, mes résolutions furent prises sur-le-champ; je me rendis à la caserne des lanciers, où les officiers de ce corps osaient à peine se montrer; je fis sonner à cheval à dix heures; et à minuit tout le régiment était en route pour Anvers. Je fis emprisonner et désarmer quelques soldats de la ligne qui commençaient à faire feu dans les rues. J'ordonnai des patrouilles et disposai des piquets sur les principaux points; je convoquai les officiers de la garde civique qui s'étaient cachés ; je leur fis des reproches sévères sur leur pusillanimité, et la menace de la mise de la ville en état de siége fit assez d'effet sur eux pour les résoudre à se montrer.

Les renseignements que j'ai recueillis sur les causes de cette émeute m'ont prouvé jusqu'à l'évidence que des étrangers, tous Anglais, habitaient la ville depuis peu de jours, et répandaient l'argent à profusion parmi les troupes et la canaille; j'ordonnai à la police de faire des recherches sur ces individus et de me les amener ; mais mon arrivée les avait fait disparaître.

Ma seconde mission avait pour but de recevoir serment des troupes aux avant-postes sur les frontières du Brabant-Septentrional. Cette opération s'est faite sans nulle difficulté ; mais là, j'ai aussi appris que des agents hollandais et anglais avaient répandu de l'argent parmi les soldats pour les pousser à la rébellion et au désordre. J'ai eu les preuves authentiques de cette manœuvre, et dans le bataillon Aulard j'ai fait arrêter des hommes qui avaient reçu des sommes considérables.

Vous me demandez l'état de nos forces sur la ligne que vous m'indiquez. Comme le général de division va procéder à la réorganisation de l'armée mobile, je ne pourrai avoir de données certaines que dans deux ou trois jours. Cependant, en attendant, voici un aperçu de ce qui existe maintenant :

Dans la Flandre, il y a en ligne, depuis Ostende, en passant par Gand jusqu'à l'Escaut, environ.	6,000 h.
A Anvers et dans un cercle d'une lieue (extra-muros).	7,000
Dans la Campine, depuis Capelle et Putt, en passant par Westwesel, Hoogstratten, Turnhout et Arendonck, et dans les positions plus en arrière du côté de Gheel et d'Herenthals.	8,000
Dans le Limbourg, groupés autour de Maëstricht.	8,000
Total.	29,000

Ces troupes sont fort mal réparties et disposées, mais il me paraît certain qu'on s'occupe dans ce moment de rectifier la répartition des commandemens et l'occupation des positions militaires. Je vais me procurer de suite le plan d'Anvers et vous donner des détails sur les batteries que l'on a établies le long de l'Escaut. Les Hollandais travaillent de leur côté à se fortifier ; je vous donnerai également des détails sur ce qu'ils ont fait. Demain, je vous ferai parvenir ce travail par la diligence de Van-Geen, qui part à sept heures et demie. Je fais chercher également chez les libraires ici tous les plans qui peuvent nous être utiles. Vous les recevrez en même temps.

Les différentes revues auxquelles j'ai asssisté m'ont convaincu plus que jamais que l'esprit du soldat de la ligne est excellent, et maintenant les officiers n'hésitent plus à faire chorus avec lui. Cependant, je dois vous avouer que les ennemis de la France font de terribles progrès. Ils travaillent avec succès à la désaffection pour la France. Les derniers actes du ministère leur donne beau jeu.

Si vous venez dimanche, comme vous en avez l'intention, j'aurai, je crois, recueilli des renseignemens d'une haute importance. Il est probable que je serai encore ici, à moins que quelque événement grave ne survienne.

Je voudrais bien que vous puissiez voir l'huissier Debans pour savoir où en est l'affaire de Van-Der-Perren, à laquelle on a donné suite malgré mes réclamations. J'en ai écrit de nouveau au ministre pour renouveler mes protestations. Si vous pouviez parvenir à connaître sa décision, vous me rendriez service.

Si vous voulez obtenir quelque chose de Chazal, il ne faut pas lui laisser de repos, et l'obliger à s'occuper immédiatement de cette affaire, ou elle va retomber dans les brouillards comme par le passé : je m'en rapporte à vous pour ce qu'il y a à faire. Lorsque vous viendrez, je vous montrerai le travail que j'ai fait sur l'organisation ; il est déjà expédié ; il ne manque plus que la décision, et vous savez si les décisions sont difficiles à obtenir.

Ma tante est arrivée à Paris le 27 mars ; je crois que nous aurons bientôt des nouvelles.

Tout à vous, votre ami,   ***

Bruxelles, 3 mai 1831.

A Monsieur le Comte Belliard.

Monsieur le Général,

Conformément à la demande que vous venez de me faire à l'instant, vous trouverez ci-dessus le montant annuel moyen des contributions payées pour la province du Luxembourg :

Contributions directes (foncier, personnel et patente) . . .	536,647 fr.
Timbre, enregistrement, hypothèques, etc.	327,610
Droits d'entrée et de sortie, etc.	100,490
Croisées	511,189
Portes.	33,196
	1,509,132

Ce total ne comprend que les recettes effectuées pendant l'année moyenne ; il reste régulièrement un reliquat de mauvaises cotes et de cotes irrecouvrables, mais la somme portée pour terme de comparaison est calculée de la même manière ; le produit annuel total était de 77 millions. Ainsi, le Luxembourg ne concourrait que pour moins de 1/50 dans les charges de l'État : il n'intervient aujourd'hui que pour 1/25 dans celles de la Belgique.

Ces données vous prouveront, Monsieur le général, que la province du Luxembourg n'offre aucun avantage à l'État, sous le rapport de l'impôt, qu'au contraire, les autres provinces doivent subvenir aux dépenses qu'exige celle-ci.

Veuillez agréer, je vous prie, Monsieur le général, l'assurance de ma haute considération.

Le ministre des finances,

H. DE BROUKÈRE.

NOTE

SUR LES GÉNÉRAUX PRUSSIENS.

Le premier général de l'armée prussienne, bon et excellent officier partout, était le général York. C'était un officier propre à tout; son caractère terrible, violent et vindicatif lui a fait beaucoup d'ennemis. Il a été mis à la retraite, avec le grade de feld-maréchal, en 1821. Une descente ne lui permettait plus de monter à cheval; je ne le porte que pour mémoire, car, *s'il* n'est pas mort, il a 78 ans.

Le général *Guersenau*, actuellement maréchal, est un homme de beaucoup d'esprit et d'énergie. Il a une ambition démesurée, et c'est cette aimbtion qui, en 1808 et 1809, l'avait lancé dans la secte des Amis de la Vertu; mais après la chûte de Nap, lors de la création de la sainte-alliance, il renia les principes libéraux des Amis de la Vertu et tourna à l'absolutisme; c'est ce qui a rompu mes relations avec lui. Ayant eu quelques mécontentements du côté de la cour, il est revenu, dit-on, à ses premiers principes. Guersenau a de l'esprit et de la finesse, mais serait plutôt un bon chef d'état-major, un administrateur de la guerre, qu'un grand général; froid, il ne sait pas se faire aimer des troupes. S'il commande l'armée prussienne, il sera méticuleux; crainte de compromettre sa réputation acquise, dans le combat, il sera énergique et tenace. — Mais il n'est plus jeune, on a craint déjà pour sa vie, il a eu des espèces d'attaques il y a quelques années. Le général Guersenau doit avoir 65 à 66 ans. Il était le premier capitaine de la brigade d'infanterie légère de la Basse-Silésie; n'étant pas connu, n'ayant pas de réputation et de services, il avait avancé à son tour, et l'on peut estimer qu'il avait au moins 40 ans en 1806. L'*Annuaire prussien* n'ayant plus paru depuis cette époque dans la forme ordinaire et Guersenau n'étant pas officier supérieur en 1806, on ne peut supputer son âge qu'à peu près, au lieu que, pour les autres, il est positif; l'*An-*

nuaire de 1806 donnant les âges de tous les officiers supérieurs.

Le général *Müjting* n'était que capitaine en second en 1806, il était de l'état-major et avait été aide-de-camp du duc de Brunswick. Il doit avoir près de 60 ans. C'est un homme froid, méticuleux, fin jusqu'à être faux ; en un mot, on reconnaît l'école du duc de Brunswick; il est général en chef de l'état-major de l'armée prussienne. Il a des connaissances, de l'esprit, mais un grand fond de suffisance.

Lieutenant-général *Roder*, ancien aide-de-camp d'inspection du prince d'Hohenloë, commande le cinquième corps d'armée. C'est un homme pédant, brave, mais peu susceptible de vastes combinaisons : il exécutera bien les ordres qu'on lui donnera. Il a 64 ans.

Général de cavalerie *Zitchew*, commandant le sixième corps, ancien aide-de-camp de Kalckreuth. Il en sent l'école : finesse, fausseté, sarcasme. C'est un officier-général assez ordinaire. Ce fut son corps qui fut culbuté au passage de la Sambre, en juin 1815. Il a épousé une demoiselle de Mérode. Il n'est pas d'une forte santé et a actuellement 63 ans.

Borstell, général de cavalerie commandant le huitième corps. Il était dans les gardes-du-corps en 1806. Il a commandé un poste de 100 chevaux dans la campagne de Prusse. C'était à cette époque un grand détailleur; chargé de faire avec lui l'ordonnance de cavalerie en 1809, il m'avait laissé l'ensemble et les manœuvres, se réservant les détails de l'habillement, des bottes, etc. C'est un officier brave et honnête, mais pas d'inspiration, de ces officiers qui difficilement suppléent à ce qu'ils ont appris, si les choses ne se passent pas comme l'ordonnance, croit l'avoir prévu. Il a de 58 à 59 ans. Il est froid, cauteleux, très boutonné.

Le prince *Guillaume*, frère du roi, est brave ; il a près de 50 ans, mais ce n'est pas un général. Il hait les Français, aime ses aises, s'occupe de ses plaisirs et de goûts peu honorables. Sa femme, princesse de Hambourg, lui avait donné de l'ambition en 1808. Les lieutenants-généraux Natzmer, Witzlebew, Knesebeck, Wrangel, qui commandent des divisions, les conduiront sans talents transcendants, et ne se distinguent tous que par leur haine contre les Français. Les brigadiers ou commandants de brigades, ainsi que les autres chefs de divisions offrent des officiers instruits, animés d'esprit militaire, quelques-uns de très braves, mais ayant vécu au milieu d'eux, il me paraîtrait bien extraordinaire qu'il s'y trouvât de ces talents transcendants qui ne pourraient être contrebalancés dans toutes les armées possibles.

Au surplus, avec tous ces généraux, comme avec les troupes qu'ils commandent, on ne doit pas oublier de poursuivre à fond les succès obtenus pour ne pas leur laisser le temps de revenir du premier effet moral. Après l'affaire de Ligny, l'armée était tellement persuadée qu'elle allait être poursuivie vigoureusement, que je possède l'ordre suivant : *Ralliement derrière le Rhin.* Quelques régiments de cavalerie lancés la nuit après les Prussiens, l'armée était détruite, elle l'était encore également, si le général Grouchy, au lieu de partir entre neuf et dix heures du matin avec son corps, se fût mis en marche à minuit.

★★★

LETTRE

AU ROI DES FRANÇAIS SUR LA BELGIQUE.

Bruxelles, 9 juin 1831.

AU ROI DES FRANÇAIS.

Sire,

Depuis six mois, je garde envers votre Majesté le silence sur les affaires de la Belgique. Ce n'est pas dire que je sois resté dans l'inaction. Mais le moment de prendre un parti décisif était passé, il fallait attendre qu'il revînt. L'élection du prince de Cobourg l'a ramené.

C'est un événement dont les conséquences seront larges et abondantes, de quelque côté qu'il tourne.

Supposons que le prince accepte : cette acceptation va, dans les élections de France, venir puissamment en aide au parti libéral. Tant que la Belgique n'a été à personne, la France a facilement, trop facilement consenti qu'elle ne fût pas elle. Mais il n'est grande peur et petits intérêts qui tiennent contre l'annonce que la Belgique est livrée à l'Angleterre, à la sainte-alliance, puisque seule, il est évident qu'elle ne peut la conserver, ni même la défendre.

A cette nouvelle, la dignité nationale va se réveiller, et les esprits ouverts par ce choc douloureux, recevront à plaisir la conviction qu'il est absurde de vouloir maintenir la partie géographique des traités de 1815, quand on en a rejeté, avec mépris, la partie personnelle et morale.

L'Europe veut la paix, et elle est partagée, échelonnée pour la guerre. Elle veut le progrès du bien-être social pour le commerce et l'industrie;

et elle est morcelée de la manière la plus convenable à empêcher la liberté des échanges et des communications.

Non, cela ne peut durer. Je sais que des erreurs aussi palpables ont subsisté long-temps, mais elles n'étaient pas généralement reconnues pour des erreurs. On ne se laisse conduire (je parle de nous autres peuples) que par ce qui est ou ce que l'on croit être la vérité. Voilà pourquoi, encore une fois, il faut absolument renoncer au *statu quo*, bien que l'Europe ait déjà supporté des traités matériellement pires que ceux sur lesquels il repose.

La paix ne tire point son principal prix de l'absence actuelle du trouble et du meurtre : elle vaut surtout, par la sécurité qu'elle donne au présent, de se développer dans un avenir tranquille. La paix des protocoles remplit cette condition bienfaisante. Votre Majesté répondra dans sa conscience à son peuple.

Mais, admettant que l'élection de M. de Saxe-Cobourg n'ait pas, sur les élections en France, l'effet que je prévois, qu'importe, puisqu'elle ne peut manquer de l'avoir sur la discussion parlementaire.

On affirme que la chambre nouvelle sera modérée, ou va même jusqu'à craindre qu'elle ne soit trop molle. Je réponds qu'elle sera ce qu'elle doit être, l'écho fidèle de la Révolution de juillet. Cela est si vrai que, par impossible, revînt-elle exactement la même, homme pour homme, il suffirait qu'elle eût été se tremper dans les colléges, pour qu'elle en ressortît lavée de cette frayeur des émeutes, de cette défiance de notre ascendant sur l'étranger, qui a fait sur les banquettes du centre une si large tache durant la session dernière. On ne raisonne pas de peur deux ans de suite au nom du peuple français. En vain, s'écrierait-on par figure de rhétorique, qu'il est permis de craindre l'anarchie de 93; et non, il n'est pas permis d'avoir peur quand on représente la plus forte et la plus civilisée des nations qu'ait jamais éclairé le soleil.

Toutefois, quittons la supposition logique pour le calcul matériel; voyons comment la chambre sera composée. J'y fais rentrer les 221 en masse. Le ministère de V. M. sera du moins forcé d'accepter des hommes nouveaux en remplacement des 181, et comme il faut ajouter à ceux-ci les 38 membres dont la représentation est augmentée, voilà, de compte fait, 219 députés qui, n'étant pas liés à la session précédente, n'en accepteront la responsabilité qu'après de mûres réflexions.

Or, le temps et la réflexion tournent toujours au profit de la liberté, parce qu'elle est, à parler net, le mouvement intellectuel du monde vers l'avenir.

Le gouvernement de V. M. sera donc obligé de parler autrement qu'il n'a fait jusqu'à présent, parce qu'il faudra gagner les nouveaux venus, satisfaire à la fierté nationale, et que tout cela ne peut se faire avec des discours taillés sur l'ancien modèle. Le grand argument : la France ne peut capituler ses armées au profit de toutes les insurrections, a besoin d'un remplaçant plus solide, maintenant qu'il est devenu évident que les rois capitulent leurs soldats au profit de toutes les oppressions. Donc, la base d'opérations parlementaires du ministère ne peut rester la même. Il ne peut la porter en arrière, là est la restauration, là est l'abîme. Il faut donc qu'il avance, qu'il vienne à nous, et réponde à la France, soit dans les colléges, soit à la tribune, de la perte de la Belgique, si elle passe à l'étranger, sous le sceau de nos chancelleries.

Car de même qu'il n'est point de situation mixte aujourd'hui pour la France, et qu'elle doit diriger l'Europe, au nom de la liberté et du progrès social, ou obéir à la sainte-alliance, commandant au nom du droit divin et de l'asservissement des peuples, affreux symbole qu'on s'efforce à masquer des noms d'ordre et de paix, de même il n'est point d'existence intermédiaire pour la Belgique, il faut qu'elle soit avec ou contre la France, avant-garde de la civilisation, ou tête de pont du despotisme contre la liberté générale.

C'est une nécessité triplement faite par la géographie, le commerce et les idées.

La Belgique n'est depuis huit siècles qu'un vaste atelier, produisant, à l'abri de la grande épée des ducs de Bourgogne, des rois d'Espagne et des empereurs. De là l'exhubérence de fruits de tous ses genres de culture. Elle produit cinq fois plus qu'elle ne consomme; elle vend trois fois plus qu'elle n'achète. De là cette impossibilité qu'elle fasse un marché tenable avec personne qu'avec la France, qui seule peut, sans choquer les mœurs et les sympathies, s'indemniser en territoire des sacrifices qu'elle ferait en commerce.

Mais aux considérations de guerre, d'alliance, de richesses que j'ai données dans mes précédents mémoires, j'en ajouterai une d'ordre public qui les vaut toutes à elle seule.

Tant que la Belgique ne sera pas entrée dans le cercle français (et j'ai dit comment elle devait y arriver), il n'y aura point de paix intérieure possible pour la France, et par contre-coup pour l'Europe, sur laquelle la France réagit sans cesse.

Il suffirait de donner un roi à la Belgique, et de lui dire : « Va maintenant comme tu pourras, je ne m'en mêle plus; » je comprendrais qu'on voulût ne pas risquer de l'acquérir au prix d'une conflagration générale, bien que ce fût toujours une haute imprudence militaire que de ne pas s'assurer d'un tel poste. Mais telle n'est point la question. La Belgique, livrée à elle-même, ne peut pas vivre en riche province; c'est, je le redis encore, un misérable royaume. Les Belges, éclairés maintenant, en conviennent. La Prusse, l'Angleterre, la Hollande, ne peuvent rien en faveur de la Belgique. Toute contribution, à part de la France, la livrera donc à un malaise qui se manifestera par de continuels bouleversements.

Je connais le pays, et suis effrayé de ce qu'on y ferait avec un peu d'audace. Il n'y avait l'autre jour qu'un mot à dire, et le congrès et son butin sautaient par la fenêtre.

La Belgique parle notre langue; il y fermente des idées de liberté absolue qui ne sont point tempérées par une large instruction. Ce sera toujours pour nous une copie de Coblentz républicain, bonapartiste, carliste au besoin, car ce qui offre tout changement, semble une amélioration. Nous n'aurons en France ni repos, ni trône, avec les partis qui viendront au foyer belge se rallumer incessamment.

Un de mes camarades se réjouissait presque d'avoir eu la jambe emportée, parce que la goûte ne lui dévorerait plus le pied. Quand la maladie revint, il souffrit à Paris d'atroces douleurs à son orteil qui était enterré en Espagne. Ce sera notre histoire avec la Belgique indépendante. Point de guérison pour un mal sympathique, si l'on ne va le tarir à sa source.

Sire, le prince de Cobourg ne régnera pas un an, s'il a l'imprudence de monter sur le trône qu'on lui abandonne, et non pas qu'on lui donne. Il ne régnera point par les motifs financiers que j'ai dit, et parce qu'il existe ici un secret de comédie politique, qu'il est bon de dévoiler à Votre Majesté.

Au congrès et dans tous les discours d'appar t, l'indépendance nationale est la ritournelle obligée des orateurs. On convient que tous les intérêts du pays le portent à être Français, que c'est le désir de tous les cœurs, la pensée de toutes les têtes. Pourquoi donc cette différence de langage? Parce qu'il y a en Belgique 4,000 individus qui veulent tous des emplois pour eux et les leurs, et craignent que les Français ne viennent les leur disputer. C'est une question de places, disent-ils naïvement, une question d'intérêt, d'amour-propre, d'intérêts propres ; ils en conviennent, et ne demandent de garantie qu'à cet égard. Si l'aveu n'est pas édifiant, il est instructif du moins, et rien ne sera plus facile que de s'en servir pour dépopulariser ces quelques mille individus qui contrarient et font mentir le vœu de tout un peuple.

Ce n'est pas à dire qu'il faille leur ôter ou refuser (le pouvoir venant à V. M.) ces places qu'ils aiment avec tant d'ardeur, non, ils doivent les avoir, mais l'incapacité doit aussi être soigneusement constatée et publiée, excepté dans les emplois subalternes dont les titulaires doivent être éclairés, dirigés, ménagés avec soin. On a érigé en maxime (M. Guizot) que, pour gouverner, il fallait être impopulaire. L'habileté me semble placée à l'extrémité opposée. Le grand axiome gouvernemental consiste à frapper adroitement sur les sommités pour les enfoncer et à donner la main aux masses pour les élever. N'est-ce pas d'ailleurs justice? Ceux que je voudrais refouler ne sont-ils pas les plus habiles à retrouver leur niveau? et, s'il faut l'avouer, je suis toujours du côté des pauvres, comme ce médecin qui, après chaque émeute, était toujours du parti où il y avait le plus de blessés. Mais je supplie V. M. de ne pas inférer de mes paroles que je rêve le désordre et l'anarchie comme moyen de gouvernement. Non, mille fois non! car le désordre est toujours produit par les priviléges accordés à quelques-uns aux dépens de beaucoup. *Elever* les masses, ce n'est pas les *soulever*. J'estime donc que, par l'epmloi mesuré de cette tactique, on obtiendrait tout de la Belgique où l'instruction du peuple est aussi supérieure à la quasi-instruction des classes hautes et moyennes, qu'en général la minorité du congrès se montre supérieure à la majorité.

Mais j'ai raisonné dans le sens de l'acceptation du prince de Cobourg et d'un arrangement amicable entre S. A., la conférence et le congrès ; maintenant, qu'arrivera-t-il si le prince refuse, ou, pour mieux dire, s'il ne peut remplir les conditions auxquelles on lui a octroyé la couronne ? Je vais dérouler sous les yeux de V. M. la série des chances qu'amènera ce grave et très-probable événement.

Et d'abord, Sire, c'est à tort que l'on s'imagine que c'est par vanité seulement que la Belgique ne veut pas se soumettre aux protocoles ; c'est par nécessité. Ceci est clair comme un chiffre. La Belgique n'a jamais payé au roi de Hollande plus de 90 millions de francs tout compris, et l'on sait combien elle se plaignait de ses charges. Voici les dépenses et les recettes de l'année 1831. Dépenses générales, 119 millions de francs. — Recettes ordinaires, 70 millions; extraordinaires (par l'emprunt), 25 millions, d'où résulte un déficit de 33 millions, sans parler de tout ce qui pourra être dépassé en dehors des prévisions. Si l'on ajoute à cela 30 millions de rente pour la part de la Belgique dans la dette hollandaise, on aura un total général de 153 millions, qui excède si évidemment les ressources du pays, qu'il vaut mieux pour lui être morcelé que de se courber tout entier sous un tel fardeau. Sans doute les dépenses de la guerre seront dans l'avenir de beaucoup réduites, mais n'importe. La Belgique n'eût-elle dans la dette que la part qu'il lui revient réellement ; toutes les économies possibles fussent-elles faites, il lui restera, comme état indépendant, un budget de 100 millions impossible à supporter, et comme ces calculs commencent à être communs, ils influeront singulièrement sur la résolution à prendre par des hommes qui veulent vivre du revenu public, et voilà pourquoi je prie V. M. de les recevoir en sérieuse considération.

Quoi qu'il en soit au cas du refus du prince Léopold, il ne reste que deux issues praticables pour la Belgique, un chef indigène, auquel on prescrira la guerre immédiate contre la Hollande, ce qui forcera la conférence à intervenir ou à confesser son impuissance, ou bien un mouvement général vers la France, ce qui, encore, obligera la conférence à montrer sur le champ ce qu'elle peut, ce qui est fort différent sans doute de ce qu'elle veut.

Maintenant, combien faut-il encore de temps à la France pour être prête à la guerre, là est la question; car, de croire que nos troupes nationales entreront en Belgique avec les puissances et les Anglais, marchant d'un même pas, vers un même but, se serait bien l'illusion la plus funeste dans laquelle pût être entraînée la sagesse de Votre Majesté.

L'association belge est en relation avec tout ce qu'il y a d'esprit ardent et généreux en France, un entraînement irrésistible jeterait les bataillons français en Belgique, et la perte de toute discipline serait la première et infaillible conséquence de la résistance de votre gouvernement à la réunion des deux peuples. Je pourrais même en dire plus long à cet égard, si l'événement de la Russie n'était pas une expérience qui parlât assez haut.

Au mois d'octobre dernier, lors que je demandais l'occupation immédiate de la Belgique, je comptais sur l'étonnement des cabinets. Je persiste aujourd'hui à croire que la France se fût organisée aussi tranquillement aux bords du Rhin, qu'elle fut plus tard organisée dans ses limites factices. Personne n'était prêt à l'attaquer.

Le prince Albert (de Prusse), tout brûlant de sa première nuit de noces avec la princesse Marianne, n'a-t-il pas couru à Berlin pour supplier son père de faire une simple démonstration pour en imposer aux rebelles, et la réponse de S. M. n'a-t-elle pas été des plus claires?

« L'esprit de révolte s'agite aussi dans mes états,
« mes coffres sont vides, je ne puis rien en ce
« moment pour le roi des Pays-Bas ; dites-lui de
« temporiser et de compter sur ses alliés fi-
« dèles. »

Je le répète, la France se fût organisée avec la Belgique comme elle a été obligée de le faire sans elle, et l'élan donné vers la frontière eût épargné à Paris les tristes émeutes dont il a été le jouet et le commerce sa victime. Il s'agit aujourd'hui d'une guerre régulière. Il faut donc une organisation militaire forte et complète, puisque ce n'est qu'en culbutant les armées que nous pourrons arriver aux peuples, seuls véritables alliés. Or, la cavalerie et l'artillerie étant les deux grandes difficultés, elles doivent être à peu près franchies maintenant, et vers le mois d'août la France peut s'ébranler avec confiance pour une campagne d'automne. Des négociations et des armistices aideront à franchir trois mois d'hiver, et au printemps, s'il faut guerroyer au loin, l'armée française, vieille d'une campagne, s'avancera partout la giberne pleine de victoires.

V. M. n'ignore sans doute pas les ressources en hommes et en matériel qu'elle trouverait en Belgique ; un général en chef, quelques officiers d'état-major, voilà tout ce qu'il faut envoyer ici pour y avoir une armée de 60,000 hommes, qu'appuieraient 30,000 de gardes civiques mobilisées.

Quant à la manière de s'y prendre pour diriger le pays, dès que V. M. demandera des lumières, elles ne lui manqueront pas. M. le général Belliard connaît le pays ; et peut-être y ai-je par mes amis une petite influence qui ne sera pas inutile.

Tout consiste à ne pas s'exagérer les inconvénients d'une guerre maritime. En 1746, Louis XIV fit la faute de ne pas prendre les Pays-Bas pour sauver, par une prompte paix, quelques vaisseaux et quelques colonies qu'il perdit plus tard. On refait des vaisseaux, on se passe de colonies. Il n'en est pas de même des frontières, c'est pour avoir été trop loin du Rhin que la France n'a pas pu s'opposer au premier partage de la Pologne, source de toutes les misères diplomatiques qui ont depuis dévoré l'Europe au profit de l'Angleterre.

La fière Albion sait très bien que si le continent nous laissait en paix, ce serait fait d'elle en deux ou trois ans. Pour arriver à cette paix, que nous faut-il? Une bonne enceinte géographique. Il ne tient qu'à V. M. de l'avoir en suivant les issues de l'événement qui s'apprête en Belgique.

Mais ce serait en vain que l'on essaierait de clore ce drame par une combinaison de la conférence; ce ne serait point là un dénouement, mais une de ces péripéties du milieu avec lesquelles l'action qui semblait terminée se relève et se précipite vers sa fin véritable.

Je m'en réfère du reste aux précédents mémoires que j'ai eu l'honneur de soumettre au roi; soit lumière naturelle, soit instinct de patriotisme, j'ai trouvé, je crois, dès le commencement le nœud de la question belge. Ce que je dis, n'est point pour m'en vanter, mais pour que V. M. veuille bien être persuadée que ma conduite est le résultat d'une conviction réfléchie et non d'un vain désir d'opposition.

C'est dans ces sentiments que je suis, avec un profond respect,

De Votre Majesté,

Sire,

Le très humble, très obéissant et très fidèle serviteur.

Signé ★★★

PIÈCES JUSTIFICATIVES.

PIÈCES JUSTIFICATIVES.

—

Extrait du procès-verbal de la formation du bataillon des volontaires nationaux du département de la Vendée, dressé par MM. Esnard et Majou, commissaires nommés par le Directoire du département, à Fontenay-le-Peuple, le 8 septembre 1791.

La première compagnie ayant ensuite fait et déposé son premier scrutin, il en est résulté que, sur cinquante-quatre votans, M. Augustin Belliard a réuni quarante-huit suffrages, au moyen de quoi il a obtenu la majorité absolue. Nous avons annoncé le résultat du scrutin et proclamé ledit sieur Belliard capitaine de la première compagnie.

Signé : J. M. COUGNAUD, *secrétaire-général.*

      LIBERTÉ.   ÉGALITÉ.

Paris, le 30 juillet 1793, l'an 2 de la république française, une et indivisible.

LE MINISTRE DE LA GUERRE A L'ADJUDANT-GÉNÉRL BELLIARD.

Le conseil exécutif provisoire, en vertu du décret de la convention nationale de 28 du mois dernier, ayant jugé, citoyen, devoir vous suspendre provisoirement du grade d'adjudant-général que vous exercez à l'armée des côtes de la Rochelle, je vous préviens que son intention est que vous cessiez, à compter de ce jour, lesdites fonctions et que vous vous éloigniez immédiatement à une distance de vingt lieues, non seulement de ladite armée, mais même de toute autre armée et des frontières de la République, en conformité de ce qui est prescrit par les lois et particulièrement par celle du 20 avril 1792.

Vous voudrez bien m'accuser la réception de cette lettre et me marquer quel est le lieu où vous vous proposez de vous retirer, afin que je puisse en rendre compte au conseil exécutif.

Signé : J. BOUCHOTTE.

Angoulême, le 7 octobre 1793, an II de la République une et indivisible.

ROUX FASILLAT, REPRÉSENTANT DU PEUPLE,

A XAVIER AUDOUIN.

Je t'envoie une sorte de mémoire pour le citoyen Belliard, qui a été suspendu de ses fonctions d'adjudant-général, et qui affirme ne savoir pourquoi : le hasard me l'a fait rencontrer ici logé dans la même auberge que moi : il m'a montré des certificats authentiques qui sont tous à son avantage, et j'avoue que s'il n'y a rien contre lui, il est dommage qu'on ne puisse pas employer un jeune homme aussi actif et aussi intelligent : je te presse donc de faire examiner promptement cette petite affaire et de me faire savoir si tu auras jugé à propos de l'employer.

Salut et fraternité.

Signé : ROUX-FASILLAT.

Cantonnement de Braine.

DÉPÔT DU 3ᵉ RÉGIMENT DE CHASSEURS A CHEVAL.

Nous, membres du conseil d'administration du dépôt dudit régiment, certifions que le citoyen Augustin-Daniel Belliard, fils d'Augustin et de Rose Robert, natif de Fontenay-le-Peuple, district du département Vengé, chasseur audit régiment, première compagnie, a servi depuis le six brumaire, troisième année, jusqu'au neuf germinal de la même année, époque à laquelle il a été mis en réquisition par les représentans du peuple envoyés à La Haye.

Certifions en outre que ledit citoyen s'est toujours comporté, tout le temps qu'il a été au corps, en honnête militaire et zélé patriote.

En foy de quoy nous lui avons délivré le présent certificat pour lui servir et valoir ce que de raison.

Braine, le 24 brumaire, 4ᵉ année républicaine.

MENEUST, ROSLANGE, MARQUISOT, CORBET, DUMARGAT.

ARMÉE D'ITALIE.

Au Quartier-Général à Vérone, le 8 nivose, an v de la République française, une et indivisible.

L'Adjudant-Général Belliard au Général en chef.

Mon Général,

Après avoir comparé mes moyens avec les devoirs que m'impose le grade de général de brigade, j'ai reconnu que cette position était au-dessus de mes forces. Je me décide donc, mon général, à conserver le grade d'adjudant-général, qui convient beaucoup mieux à mon âge et à mon peu d'expérience : j'ai la conviction que j'y pourrai servir mon pays plus utilement et continuer à mériter l'estime et la confiance de mes chefs : je n'en suis pas moins reconnaissant de vos bontés et jaloux de conserver l'amitié que vous voulez bien avoir pour moi.

Signé : Auguste BELLIARD.

Vérone, 9 nivose, an v de la République française, une et indivisible.

L'Adjudant-Général Belliard au Ministre de la Guerre.

Citoyen Ministre,

Si mes talents et mes capacités pouvaient répondre à mon zèle et à mon amour pour la liberté, je n'hésiterais pas un instant à accepter le grade de général de brigade, dont vient de m'honorer le Directoire exécutif; mais trop jeune encore pour avoir acquis l'expérience et les connaissances nécessaires à de si hautes fonctions, et croyant pouvoir rendre plus de services à mon pays dans la place d'adjudant-général, je me décide à refuser l'avancement que l'on vient de m'accorder ; vous voudrez bien en prévenir le Directoire exécutif et l'assurer que je n'en suis pas moins reconnaissant et disposé à mériter la confiance qu'il me témoigne.

Signé : Auguste BELLIARD.

Le 10 nivose, an v.

LETTRE DU GÉNÉRAL BELLIARD A SON PÈRE.

Mon bon ami,

Lors des affaires de Rome, le général Augereau, quoique je lui aie positivement témoigné le désir de rester adjudant-général, n'a pas moins demandé pour moi au général en chef le grade de général de brigade. La proposition a été envoyée au Directoire exécutif, et j'ai reçu la lettre du ministre qui m'annonce ma nomination : ne me croyant pas assez d'expérience pour remplir dignement des fonctions aussi élevées et servant mon pays par amour et non par ambition, j'ai refusé l'avancement qui m'était offert. Je viens d'écrire au général en chef et au ministre de la guerre les deux lettres ci-jointes. Je suis bien certain que tu les approuveras, toi qui m'as toujours recommandé de servir ma patrie sans ambition et de sacrifier en toute circonstance mon intérêt au bien public. J'aurais été d'autant plus heureux de me trouver à la hauteur du grade dont le Directoire voulait bien payer mes faibles services, que je savais toute la satisfaction que tu en ressentirais, mais j'ai cru devoir suivre et ton exemple et tes conseils, j'ai obéi à ma conscience.

Adieu, mon bon ami, porte toi bien et crois toujours à la sincère amitié de ton fils,

Auguste BELLIARD.

Paris, le 1er ventôse, an 5 de la république frainçaise, une et indivisible.

LE MINISTRE DE LA GUERRE AU GÉNÉRAL DE BRIGADE BELLIARD, ARMÉE D'ITALIE A VÉRONNE.

Le Directoire exécutif auquel j'ai rendu compte, général, des motifs qui vous ont engagé à refuser le grade de général de brigade, a arrêté, le 29 du mois dernier, sur ma proposition, que vous étiez autorisé à continuer les fonctions d'adjudant-général avec les appointemens qui y sont attachés. Pour vous donner une nouvelle preuve de la bienveillance et de l'estime particulière du gouvernement envers les officiers qui, comme vous, savent allier le mérite à la modestie, je vous préviens que son intention est que vous conserviez néanmoins le grade de général de brigade, et que vous en portiez les marques distinctives. Je joins ici le brevet de ce grade.

Je vous prie, général, de vouloir bien m'en accuser la réception.

Salut et fraternité;

PÉTIET.

LIBERTÉ. — ÉGALITÉ.

Paris, le   vendémiaire, an 10 de la république française, une et indivisible.

Le Ministre de la guerre au Général de division Belliard.

En rade à Marseille.

Je m'empresse, citoyen général, de vous annoncer que le premier consul a été sensible à l'attention que vous avez eu de ramener en France, en signe d'honneur, plusieurs pièces d'artillerie et les restes du général Kléber.

Il me charge de vous en témoigner sa satisfaction.

Il désire aussi que vous fassiez connaître aux différens corps de troupes de l'armée d'Orient, qui sont revenus d'Egypte avec vous, que le gouvernement apprécie le zèle, le courage et le dévouement qu'ils ont déployé pour soutenir l'honneur des armes françaises, et que des ordres sont donnés pour qu'il soit pourvu à leur besoin, afin de les mettre à portée de se refaire de leurs longues et glorieuses fatigues.

Je vous salue ;
A. BERTHIER.

Paris, le 22 vendémiaire, an 10 de la république française, une et indivisible.

LE MINISTRE DE LA GUERRE AU GÉNÉRAL BELLIARD.

J'ai reçu, citoyen général, vos différentes lettres du 7 de ce mois. Je les ai communiquées au premier consul, et voici les dispositions qu'il a adoptées.

Toutes les personnes revenues d'Egypte qui ne font pas partie d'un corps ou qui étaient seulement attachées à l'administration, seront libres de retourner dans leurs foyers.

Les corps dépendans de la marine seront mis à la disposstion du ministre de la marine. Je lui écris à ce sujet, et je l'invite à leur faire connaître la destination qu'il leur donnera.

Je préviens également le ministre de l'intérieur que le premier consul a mis à sa disposition les élèves de l'École de mathématiques, organisés par les ordres du général en chef Menou.

Les invalides seront dirigés sur la succursale d'Avignon. Je charge le général commandant la huitième division militaire de faire l'inspection de ces militaires, pour n'admettre dans cette établissement que ceux qui y ont vraiment des droits.

Tous les objets mécaniques, les manuscrits arabes, la bibliothèque et les caractères de l'imprimerie arabe, seront envoyés à Paris. Ils y seront remis au ministre de l'intérieur que j'invite à prendre les mesures nécessaires pour leur transport.

L'intention du premier consul est que le corps du général Kléber soit déposé provisoirement au château d'If; je charge le général de la huitième division militaire de donner des ordres pour qu'il y soit reçu avec les honneurs dus à son grade.

Les chevaux et jumens arabes seront conduits au dépôt de Versailles, je vous invite à vous concerter avec le commissaire ordonnateur de la huitième division militaire, pour prendre les précautions qu'exige leur conservation et leur bonne tenue pendant la route.

Je vous ferai connaître incessamment la destination des différents corps de troupes qui sont sous vos ordres.

Je vous salue;

A. BERTHIER.

UN AVANT-PROPOS

SUR L'APPENDICE.

COMME QUOI

IL Y A UN APPENDICE.

Quand on veut faire imprimer ses œuvres, voire même celles des autres, il faut un éditeur, c'est la loi : et quand on a un éditeur, il faut faire tout ce qu'il veut, c'est l'usage, et l'usage ici est également une loi : or donc, je comptais publier deux volumes seulement, mais mon éditeur m'a dit : J'en veux trois, et force a été de chercher à se conformer.

Pour noircir les cent vingt pages qui me manquaient, j'avais pensé d'abord à transporter avec moi mon lecteur dans l'île d'Elbe; à l'inviter à monter un cheval de ces braves lanciers polonais qui, là encore, avaient suivi l'homme aux prodiges, et à venir visiter le beau fort de Porto-Logano dont l'Empereur avait confié le commandement au colonel Jerzmanouski, un des officiers de sa garde qu'il affectionnait le plus ; nous serions allés ensemble boire de l'excellent vin de Rio et courir sur ces montagnes de fer et d'aimant où les orages viennent se heurter avec un horrible fracas : je voulais le guider au milieu des charmantes villas d'Ischia ; le mener se reposer sous les ombrages enchantés de Procida ; lui faire voir l'antique Baia, ses clochers sous la mer, la montagne neuve et toutes les merveilles de cette terre tremblante : je l'aurais conduit dans l'Abruzze fameuse par son bataillon sacré et ses sangliers monstrueux : de là, nous aurions traversé le Volturno aux rives parfumées pour entrer dans les riches plaines de Capoue, où les plus belles moissons croissent à l'ombre de ces magnifiques érables qui servent d'appui aux gracieux festons de la vigne aux cent grappes ; je l'aurais réveillé pendant la nuit pour lui montrer ces riantes campagnes éclairées par des myriades de mouches lumineuses ; négligeant tous les monuments anciens décrits à satiété par nos touristes, nous nous serions rendus à Caserta ;

nous aurions parcouru ses jardins délicieux, ses grottes fraîches et silencieuses, témoins de tant de soupirs de volupté sous un ciel où la vie est si douce et l'amour si suave : je lui aurais fait remarquer dans ce beau et immense palais les fresques merveilleuses qui couvrent les murailles et parent les plafonds : là, il aurait reconnu Murat sur le char d'Achille, et Caroline déguisée en reine des Dieux ; en promenant dans le grand parc, nous aurions admiré le canal aux mille cascades ; je lui aurais dit en quel lieu le vieux roi Ferdinand, le marchand de marée des lazzaronis, avait impitoyablement fait mettre à mort les plus beaux canards de l'Europe, parce qu'un d'eux avait pris la liberté grande d'avaler un joli petit poisson rouge qui venait de se laisser prendre à l'hameçon royal : puis nous nous serions dirigés sur Naples, cette ville de bonheur et de délire où Polichinelle seul a conservé le droit d'être libéral : nonchalamment couché dans une nacelle aussi bariolée que son pilote, il aurait vogué par une belle nuit sur ce golfe d'azur et de feu où Dieu semble avoir voulu réunir tout ce qui peut élever l'âme et embraser le cœur : sous l'influence de la plus molle fraîcheur, il aurait écouté avec délices les tendres barcarolles du pêcheur napolitain et respiré la brise embaumée qui descend du Pausilipe ; le lendemain, il aurait gravi le Vésuve aux pieds fleuris, aux flancs noirs et brûlés, à la tête de rubis ; à l'instar de nos écrivains voyageurs, je lui aurais conté cent anecdotes véritables et cent autres que j'aurais inventées. Comme A. Dumas, notre Bachaumont moderne, j'aurais dit combien vaut en Italie un chat étranglé par un boule-dogue, et un million de choses toutes aussi *piquantes* : mais j'ai réfléchi que je n'écrivais point mes Mémoires, et qu'il y aurait plus que de la témérité à placer mon nom près de celui du grand citoyen, du guerrier illustre dont la vie fut une longue chaîne de nobles et bonnes actions : en conséquence, je me suis mis à feuilleter de nouveau mes vieux manuscrits et j'ai fini par trouver plusieurs notes d'Égypte, dont la plupart écrites au crayon sur les lieux mêmes : cette découverte m'a causé d'autant plus de joie que, déjà, je connaissais tout le prix de ces documents par les conversations si attachantes du bon général.

Le comte Belliard avait une mémoire prodigieuse et racontait bien, on était heureux en l'écoutant : ses narrations étaient toujours intéressantes et toujours neuves; personne plus que lui n'avait vu et entendu; aussi, venait-on de toute part consulter ses nombreux souvenirs, et il était si excellent, si complaisant, qu'il ne refusait jamais : il parlait souvent de la campagne d'Orient, et son front alors s'illuminait de bonheur et d'inspiration; un jour, à la fin d'un de ces récits qui tenaient ses auditeurs comme suspendus, il nous dit, avec un accent d'enthousiasme que je crois entendre encore : l'Égypte, oh! l'Égypte!.. Bonaparte y était si grand et les Français si braves!.. et Kléber!.. et Desaix!.. quels hommes! quels géants pour l'histoire s'ils avaient vécu!..

Il venait de commencer ses Mémoires quand la mort l'a frappé : c'est une grande perte pour la postérité.

APPENDICE.

PREMIÈRE NOTE.

Le général en chef dit à un capitaine de Caravelle : Eh bien ! vous qui consultez le Coran, tout ce qui arrive est prédit, vous l'avez lu dans vingt passages. Je suis venu venger l'islamisme, redresser les torts, punir les usurpations des Mameloucks; c'est aux véritables musulmans, à ceux qui honorent le prophète, à se réunir à moi. Le pacha, qui devrait être le maître des beys, et que cependant ils tiennent au Caire sans autorité, sans pouvoir, voit sans doute mon arrivée avec plaisir. Faites-lui connaître mes intentions, dites-lui que je suis l'allié du sultan, l'ami de Mahomet; que je ne veux rien faire ni contre l'autorité du divan, ni contre les mosquées; qu'il vienne à ma rencontre, qu'il maudisse avec moi la race impie des beys. Je vous charge de lui porter ces dépêches; qu'il ne se laisse pas entraîner à quelque entreprise contraire à la volonté de S. H.

Cependant nos pièces n'arrivaient pas; le jour tombait, nos soldats mouraient de faim et de soif. On leur avait fait des distributions à bord; mais ils sortaient des campagnes d'Italie, ils n'avaient pas l'expérience du désert; le vin avait été bu sur le rivage, le pain jeté comme un fardeau inutile à porter : ils expièrent cette imprévoyance. Je me mis en route pour Béda avec le 21e. Le soleil, à la fin de sa course, laissait tomber ses derniers rayons. Nous pûmes apercevoir le tableau de désolation qui se déroulait devant nous. Aucun arbre, aucune verdure, aucune habitation; tout était frappé de stérilité. Nul filet d'eau ne rafraîchissait ces steps, nul être vivant ne les animait. Nous poursuivîmes cependant. Nous rejoignîmes la 22e légère; nous marchâmes quelque temps de concert. Nous atteignîmes un bouquet de palmiers. Elle s'y établit.

Nous continuâmes, et à quatre heures du matin nous n'avions pas encore gagné notre destination. Nous cherchions Béda; nous croyions rencontrer un village, mais Béda n'est qu'une halte au milieu du désert. Nous ne trouvâmes que les ruines d'une ancienne habitation. Nous prîmes position. Les soldats étaient dévorés par la soif; ils n'avaient pas bu depuis Alexandrie; ils n'aspiraient qu'à se procurer de l'eau, premier besoin d'un tel climat. Ils coururent au puits: il avait été comblé; la citerne était tarie; rien n'avait échappé à la cruelle industrie des Arabes; la situation était affreuse, on ne se rebuta pas néanmoins. Chacun mit la main à l'œuvre; les pioches, les baïonnettes, servirent à déblayer, à creuser la terre, et bientôt l'excavation fut assez profonde pour y recueillir un liquide noirâtre, qui fut distribué avec parcimonie. Le soleil parut, le sable s'échauffa, l'atmosphère devint étouffante, et la privation d'eau intolérable. Il fallut pourtant l'endurer. Le sable filtrait, mais c'était goutte à goutte. Un homme consommait d'un trait le produit de plusieurs heures. Je me remis en route à l'entrée de la nuit.

J'allai occuper El-Arich. Le 61e se plaça en intermédiaire à Gafer, et le reste des troupes stationna plus en arrière. Nous nous disséminions pour ne pas manquer d'eau sans pouvoir y réussir. Nous étions obligés d'envoyer des partis à plusieurs lieues. Nous nous répandions dans les villages. Mais ils en manquaient eux-mêmes; ils n'avaient ni fourrages, ni subsistances; nos hommes, nos chevaux tombaient de faiblesse et d'inanition. Je courus au général Desaix. « Je vois ce qui vous amène, me dit-il, dès qu'il m'aperçut; vous n'avez pas d'avoine, vos soldats périssent de besoins. Ces pauvres soldats! mais ce n'est pas faute de zèle, vous allez en juger, c'est la troisième lettre que j'écris au général en chef. »

« Je suis dans le plus grand embarras pour les subsistances. J'envoie le commissaire des guerres Colbert à Alexandrie, avec une lettre pour l'ordonnateur en chef, afin qu'il nous en amène dans le jour. Tout était paisible, lorsque quelques Bédouins se présentent devant nos postes. On fait feu, on crie aux armes, on dissipe les Arabes. Nos soldats, réveillés en sursaut, ne s'en croient pas moins surpris au milieu des Mamelouks. Ils se mêlent, se saisissent, sont sur le point de se percer à coups de baïonnettes. Nous fûmes longtemps avant de pouvoir les calmer. Nous y parvînmes enfin, l'ordre se rétablit, et nous cheminâmes vers Elburk. La proclamation du général en chef y était déjà parvenue. Les habitans se mêlaient à nos troupes sans empressement, sans défiance. Un spectacle si nouveau ne leur donnait aucune émotion. Nos soldats, exténués de faim et de soif, eussent bien voulu partager leurs provisions, mais comment s'entendre? mœurs, gestes, habitudes, tout diffère; ils n'ont aucun moyen de communication. Un d'entre eux s'avise de contrefaire le chant du coq. Aussitôt, hommes, femmes disparaissent, et reviennent chargés de poules. On offre de l'argent, ils le refusent, et retiennent la volaille. Ils portaient la main à nos boutons, mais le moyen d'imaginer qu'ils les préfèrent à des espèces? On ne savait que conjecturer. Un voltigeur hasarde de couper un des siens. Aussitôt le paysan cède sa poule et s'en va satisfait. Tout le monde admire : les habits se dégarnissent. S'il y avait eu plus de volailles, ils fussent restés sans boutons. Dès lors on n'entra dans les villages qu'au chant du coq : nos soldats l'imitaient à merveille.

A mesure que nous avancions, nous recevions les soumissions des fellahs; ils nous fournissaient des bœufs, du pain et des légumes. Notre situation s'améliorait. Mais ils sont si misérables et si sobres, que toutes leurs ressources ne pouvaient calmer nos besoins. Les troupes, accablées de privations, avaient perdu leur assurance et leur gaîté. Ce n'était plus cette vieille audace si souvent couronnée par la victoire. Etonnées, inquiètes, elles ne rêvaient que piéges et surprises. Je ne pouvais me rendre compte de cette étrange pusillanimité. J'appelais de tous mes vœux les Mameloucks comme le seul moyen capable de relever leur courage. Le général Desaix, pour qui cette défiance était inexplicable, partageait la même impatience. Il força la marche, et rejoignit le 21e à Hamyon. Nous nous établîmes autour du village, la cavalerie et les bagages au centre, l'infanterie en carré. Nous avions à peine clos la paupière, que quelques chevaux se détachent. On crie aux armes. On tire, on fusille, on les effraie. Ils franchissent tous les obstacles et se répandent par troupes dans les champs. Cependant le feu continue toujours malgré nos cris et nos efforts; nous ne pouvons nous en rendre maîtres; nous y parvînmes enfin, mais ces alertes inconcevables n'avaient jamais lieu sans qu'il y eût des morts et des blessés. Nos chevaux allèrent jeter l'alarme dans les autres divisions. Ne sachant à quoi attribuer l'abandon où elles les voyaient, elles prirent les armes, accoururent au secours et les ramenèrent.

Nous arrivâmes le lendemain au Damanhour; la nuit était avancée, les ténèbres épaisses; nous marchions avec défiance, lorsque nous vîmes à la lueur des torches un groupe nombreux qui s'avançait sur nous. Je le fis reconnaître. C'était une députation qui venait recommander la place. Le muphti était à la tête. Il nous apportait un flambeau, du pain, du miel et du fromage. Ces préliminaires étaient de bon augure. Le saint homme n'oubliait pas pourtant que nous étions des infidèles. Nous nous étions flattés de coucher dans des maisons. Nous lui demandâmes des logemens, il nous refusa net. Nous eussions souillé les habitations des serviteurs de Mahomet. Nous fûmes heureux d'être admis dans les bains, où l'état-major passa la nuit sur des nattes. Desaix, moins indulgent, fit enfoncer les portes d'une mosquée et s'y établit. Nous nous livrions au repos, mais les postes s'écrient, les acclamations se propagent. Nous fûmes bientôt sur pied. Le jour commençait à poindre, une faible lueur éclairait les objets, nous étions au milieu de la verdure, nous apercevions des arbres, des villages, nous n'étions plus dans le désert, nous avions atteint les terres cultivées. Nous nous répandîmes dans la ville. Les rues en étaient sales, mal alignées, mal tenues, inondées de chiens hargneux, mais la végétation était belle, la population, considérable, les troupeaux nombreux. Nous avions de l'eau, des subsistances, nous ne craignions plus les privations. Pour surcroît de bonheur, nous reçûmes la nouvelle que Rosette était occupée, le peuple soulevé se disposait à la résistance, lorsqu'un des esclaves délivrés à Malte arriva avec une proclamation. Il la donna au Cachef qui, ne sachant pas la lire, la passa au Muphti. La multitude apprend qu'il n'est question ni d'elle, ni de sa religion, que les Français n'en veulent qu'aux Mamelouks. Elle se rassure, députe au général Dugua, et le reçoit dans ses murs.

Coraïm avait expédié un courrier au Caire; dès le premier moment de notre apparition, il avait annoncé une escadre composée des vaisseaux français hauts comme des montagnes, et en si grande quantité, que la mer en était couverte bien plus loin que la vue ne pouvait s'étendre. Mourad impétueux, confiant, se moqua de la frayeur du Shérif. Il appela les Arabes, réunit les Beys et se flatta de disperser à lui seul tous les Français. Ses Mamelouks paraissaient comme le général en chef arrivait avec son escorte. Il avait franchi d'un seul trait l'espace qui sépare cette ville d'Alexandrie. Il nous confirma la prise de Rosette, et nous annonça la concentration des troupes sur l'emplacement que nous occupions. On se mit de suite à rassembler des subsistances, quelques détachements de dragons se disposent pour fouiller les villages, et tombent dans un gros d'ennemis dont ils reçoivent la charge sans s'ébranler. Un des chefs de cette milice singulière, donna dans cette rencontre un rare exemple de courage. Il s'élance sur un peloton de hussards, le rompt, le désorganise, et s'échappe sans une égratignure. Nous fîmes une seconde reconnaissance beaucoup moins heureuse, le général se porta dans la direction de Caruga avec quatre bataillons sous mes ordres, et un détachement de cavalerie conduit par le général Leclerc. Blessé de voir un autre marcher à sa place, le général Muireur ne put contenir son dépit. Il monte à cheval pour nous suivre, repousse ses aides-de-camp, ses ordonnances, et arrive sur nos traces. Pressé par un chef de bataillon que nous avions laissé sur nos derrières, de ne pas pousser plus avant, ou du moins d'accepter une escorte, il s'irrite des conseils, et ne veut écouter ni avis ni observations. Il lance son cheval au hasard et n'a pas fait cinq cents pas, qu'il est massacré par les Bédouins. C'était un officier d'une bravoure éprouvée, mais il ne sut pas se mettre au-dessus d'un léger passe-droit. Cette faiblesse lui coûta la vie.

La troupe, qui avait trop tôt compté sur la fin de ses souffrances, succombait aux fatigues et aux privations. Un ciel brûlant, une terre desséchée a avide, ne lui offrait de quel côté qu'elle portât les yeux, qu'un long tableau de misère qui glaçait son courage. Elle commençait à laisser échapper des plaintes. Des brigades avaient hautement manifesté combien elles étaient mécontentes. Le général en chef l'apprend, vient à elles, les harangue et reporte la confiance dans ces âmes découragées. Un grenadier osa lui adresser la parole : « Eh bien, général, nous menez-vous aux Indes? — Ce n'est pas avec de pareils soldats, que j'entreprendrais le voyage. » Ce mot les humilia, ils rassemblèrent leurs forces, et marchèrent avec plus de célérité.

Nous rendîmes les derniers devoirs à l'infortuné Muireur, que je fis ensevelir auprès du village d'Elgata, dans un bosquet de palmiers.

DEUXIÈME NOTE.

Reynier avait reçu le commandement de la province, Dugua allait prendre possession de Damiette, tout semblait fini. Ibrahim ne paraissait plus, la capacité de ce Mamelouk était médiocre, son inaction au milieu des préparatifs de Mourad faisait mal augurer son courage. Cependant, sa chûte était récente, son nom pouvait agiter l'Égypte. Le général en chef lui fit des ouvertures. Il lui dépêcha un Arabe. Sa lettre était ainsi conçue :

« La supériorité des forces que je commande

» ne peut être contestée. Vous voilà hors de
» l'Égypte, et obligé de passer le désert.

» Vous pouvez trouver dans ma générosité, la
» fortune et le bonheur, que le sort vient de vous
» ôter. Faites-moi connaître de suite vos inten-
» tions.

» Le pacha du grand seigneur est avec vous.
» Envoyez-le moi, porter votre réponse, je l'ac-
» cepte volontiers pour médiateur. »

Ibrahim était en communication avec la côte, il connaissait déjà nos revers, la fortune devenait douteuse, il ne répondit pas. Ce silence surprit le général, il n'avait pas assez bonne opinion du Mamelouk pour croire qu'il repoussait par grandeur d'âme des négociations que Murad n'avait pas dédaignées. Il s'épuisait en conjectures, il ne savait qu'augurer. Une dépêche de Kléber vint déchirer le voile. « Mon aide-de-camp vous rendra compte du malheur qu'a éprouvé l'escadre. Votre présence me semble nécessaire ici, vous ne sauriez y être remplacé. » Il parcourut le rapport du contre-amiral Gantheaume. « Le *Franklin*! » Il fit une pose et reprit avec calme : « Nous avons brûlé nos vaisseaux. Chacun est désormais ici

pour soi. Il n'y a plus à regarder en arrière. La
mer nous est fermée, les convois de secours ne
nous arriveront plus! Eh bien, nous ferons de
plus grandes choses que nous n'avions dessein de
faire. » Nous nous mîmes aussitôt en route. Le
lendemain, nous fûmes rendus au Caire, il se fit
présenter les divans, les administrations, et rappela partout la confiance. « L'amiral, nous dit-il,
a fait une grande faute, mais c'est celle du courage. Il ne voulait pas s'éloigner qu'il n'eût l'assurance que l'armée était dans une position à
n'avoir pas besoin de retraite. Au surplus, ses
torts lui ont coûté la vie, c'est assez les expier.
Nous allions donner le coup de grâce à l'Angleterre, son étoile l'a sauvée. Ce revers cependant
ne peut être attribué à la fortune, elle ne nous
abandonne pas. Loin de là, elle nous a servi jusqu'ici au-delà de ce qu'elle a jamais fait. Quand
nous arrivâmes à la vue des côtes, les Anglais venaient de s'éloigner; la mer était soulevée, la tempête affreuse. Nous débarquâmes cependant. Je
pris terre dans la journée, je marchai toute la
nuit, j'attaquai Alexandrie à la pointe du jour,
avec trois mille hommes harassés, sans canons et

presque sans cartouches. Au bout de cinq jours, j'étais maître de Rosette, de Damanhour, c'est-à-dire établi en Égypte. Dans ces cinq jours, l'escadre devait se trouver à l'abri des Anglais; mais elle s'approvisionne avec lenteur, elle néglige les passes, elle se laisse reconnaître, elle ne bouge pas. La fortune lassée la répudie, elle l'abandonne à son destin. Sans doute un grand désastre a eu lieu : mais nous sommes en état de faire tête à l'orage. Rien n'est désespéré. Nous avons des vaisseaux à Malte, nous en avons à Corfou, à Ancône, à Toulon. Villeneuve a gagné le large, Gantheaume a échappé au carnage. Puisque ces deux braves officiers n'ont pas péri, c'est que le sort nous destine à venger quelque jour notre marine et nos amis. J'ai fait passer des ordres au..... pour qu'il appelle à lui les bâtiments de guerre qui sont dans les ports. Sept vaisseaux, des frégates qu'il peut réunir en sept jours, le mettront à même de contenir l'escadre turque et de la battre. Nous verrons pendant l'hiver ce qu'il sera possible de faire pour accroître ces forces. » J'allai avec lui rendre visite à l'ordonnateur Sacy, retenu dans son lit par ses blessures, il était là plus à son aise, il n'avait

avec lui que des officiers réservés. « Voilà, messieurs, ce que m'écrit Kléber, l'armée ne respire que la vengeance. Nos braves soldats ne se contiennent pas d'indignation. « Quant à moi, il
» m'importe peu où je dois mourir, où je dois
» vivre, pourvu que je vive pour la gloire de nos
» armes, et que je meure ainsi que j'aurai vécu.
» Comptez donc sur moi, quelles que soient les
» circonstances, ainsi que sur ceux à qui vous
» ordonnerez de m'obéir. » Voilà le courage, voilà l'âme vraiment trempée par la guerre ; mais qu'un vaisseau, que le *Franklin* se rende sans combat ! qu'il aille servir de trophée aux Lazzaronis, entendre les insolens propos des Anglais, les voir se gorgeant de punch, boire à la honte de la marine française ; vraiment il y a des hommes qui n'ont point de sang dans les veines. Ohara prisonnier, qui d'ailleurs n'était qu'un matelot, avait l'âme plus fière ; comme je lui demandais à Toulon ce que je pouvais faire pour lui, ce qu'il désirait : « Etre seul, me répondit-il et ne rien devoir à la pitié. » Kléber cite un mot de Casa Bianca, qui tend à jeter de la défaveur sur notre marine, il a tort, le courage est de toutes les armes, nos équipages

sont pleins d'énergie, mais mal conduits, mal dirigés. Au surplus, notre destinée est dans nos mains, c'est nous, c'est notre courage qui décideront du sort qui nous attend ; mon parti est pris, ma résolution est inébranlable. Nous resterons ici, ou nous en sortirons grands comme les anciens.»
Il s'entretint pendant quelque temps avec Sacy, parla du service de l'administration, et revenant à Brueys, il s'attendrit sur le sort de cet homme si brave; il était calme, la confiance renaissait autour de lui. Un mot de sa part, comme le mandait Kléber, avait rassuré tout le monde; sa présence était notre palladium. Nous nous abandonnions à son étoile; il se confiait à nos courages, on ne songea bientôt plus qu'à recréer les ressources qu'on avait perdues. Les propriétés reçurent de nouvelles garanties, on travailla à l'entretien des canaux, on surveilla l'ensemencement des terres, l'administration de la justice, l'organisation des divans, on pourvut à tout, rien ne fut oublié. Les notables de l'Égypte, ceux qui étaient le plus distingués par leurs connaissances et leurs lumières furent convoqués en assemblée générale. Ils devaient délibérer sur les institutions qui convenaient

à leur patrie, sur les moyens les plus propres à lui rendre son ancienne splendeur, à assurer au peuple un bonheur, une existence qu'il ne connaissait plus. Les naturels étonnés ne revenaient pas de notre sollicitude, nous entretenions l'abondance, nous respections leurs cérémonies, nous prenions part à leurs fêtes, nous déployons une pompe, un appareil inconnus aux Mamelouks, nous célébrions l'arrivée des eaux avec une magnificence inusitée. Des cris de satisfaction leur échappaient. « Oui, nous disaient-ils, vous êtes venu nous délivrer par l'ordre du Dieu miséricordieux, car vous avez pour vous la victoire, et le plus beau Nil qui fût jamais. Ce sont deux bienfaits que Dieu seul peut accorder. » Ce fut mieux encore à la naissance du prophète, le quartier-général, l'état-major, les maisons qu'occupaient les chefs de corps étaient illuminés, les troupes avaient pris les armes, on paradait, on chantait, on tirait des salves ; le général en chef, suivi d'un nombreux cortége, alla revêtir le grand Shérif de la pelisse d'hermine, et lui rendit tous les honneurs qu'on attribue aux descendans de Mahomet. Ce mouvement, ces fêtes, plaisaient aux Musulmans, et divertissaient nos soldats. Les mœurs de l'Égypte se déployaient tout entières, c'étaient d'autres préjugés, d'autres goûts, un tableau qui se présentait sous une forme nouvelle. Ils admiraient, ils comparaient. Le souvenir de la flotte qui ne se présentait plus qu'au milieu des jeux, des plaisirs, fut bientôt effacé. Il ne leur restait plus que cette portion de douleur qui retrempe le courage et le dispose à la vengeance. Une circonstance vint développer cette disposition et lui donner un nouveau degré d'énergie. Nous touchions à l'anniversaire de la fondation de la République; le général voulut qu'elle fût célébrée avec une pompe digne de nos victimes et du lieu où nous étions. Un vaste cirque qu'entourait un nombre de colonnes égal à celui des départemens de la France, renfermait une pyramide où étaient inscrits les noms de ceux qui avaient succombé. A une de ses extrémités, était un arc de triomphe, au haut duquel était représenté la bataille des Pyramides, et à quelque distance des armes et des trophées. Dès le matin, des salves d'artillerie se firent entendre, les troupes s'assemblèrent, prirent les armes, et se rendirent sur la place. Le général y arriva bientôt après;

il était suivi des généraux, des administrations, du divan, de tout ce qu'il y avait d'hommes distingués par leurs fonctions et leurs connaissances. Il fut accueilli avec acclamations, nos malheurs l'avaient rendu plus cher; la victoire ne lui avait jamais été infidèle, nos oreilles étaient pleines de ces fanfares qui nous rappelaient tant de champs de bataille, les troupes le reçurent avec transport. On fit silence, il se plaça sur une estrade et dit :

« Soldats! nous célébrons le premier jour de l'an VI de la République.

« Il y a cinq ans, l'indépendance du peuple français était menacée : mais vous prîtes Toulon. Ce fut le présage de la ruine de vos ennemis.

« Un an après, vous battiez les Autrichiens à Dégo.

« L'année suivante, vous étiez sur le sommet des Alpes.

« Vous luttiez contre Mantoue, il y a deux ans, et vous remportiez la célèbre victoire de Saint-Georges.

« L'an passé, vous étiez aux sources de la Drave et de l'Isouzo; au retour d'Allemagne, qui eût dit que vous seriez aujourd'hui sur les bords du Nil, au centre de l'ancien continent.

« Depuis l'Anglais, célèbre dans les arts et le commerce, jusqu'au hideux et féroce Bédouin, vous fixez les regards du monde.

« Soldats! votre destinée est belle, parce que vous êtes dignes de ce que vous avez fait et de l'opinion qu'on a de vous. Vous mourrez avec honneur comme les braves dont les noms sont inscrits sur cette pyramide, ou vous retournerez dans votre patrie, couverts de lauriers et de l'admiration de tous les peuples.

« Depuis cinq mois que nous sommes éloignés de l'Europe, nous avons été l'objet perpétuel des sollicitudes de nos compatriotes. Dans ce jour, quarante millions de citoyens célèbrent l'ère des gouvernemens représentatifs ; quarante millions de citoyens pensent à vous, tous disent : « C'est à leurs travaux, à leur sang, que nous devons la paix générale, le repos, la prospérité du commerce, et les bienfaits de la liberté civile. »

Les acclamations recommencèrent ; la joie, l'espérance, cette longue carrière de gloire qu'il nous avait ouverte, il allait la r'ouvrir encore. Envahis, divisés, attaqués par l'Europe entière, nous avions cependant vaincu les Anglais. Feraient-ils avec des Arabes ce qu'ils n'avaient pu exécuter avec les forces et les moyens du continent, le passé jetait des fleurs sur l'avenir, la fortune nous souriait; nous ne rencontrions plus d'obstacles. Un roulement calma cette bruyante explosion d'espérances; on prit les armes, on manœuvra, on exécuta quelques feux; tout-à-coup on aperçut le drapeau tricolore qui flottait sur les Pyramides. Depuis les Romains, aucune troupe d'Europe n'avait arboré ses couleurs sur ces masses; l'armée salua par ses cris cette prise de possession. Les courses de chevaux, les courses à pied, l'illumination, des artifices remplirent le reste de la journée. Le soldat rentra plein de confiance. Il sentait que, si l'incapacité ne secondait l'ennemi, aucun effort n'était capable de nous arracher l'Egypte.

Nous étions réunis autour du général, nous nous entretenions de la France, de l'Egypte, des circonstances où nous étions. « Au fond elles ne sont pas mauvaises, nous dit-il, cependant elles exigent de la dextérité, des ménagemens. La santé des troupes réclame surtout une attention spéciale. Donnez des ordres pour qu'on place des boucheries à l'écart, qu'on ouvre les fossés, qu'on enterre tout ce qui est susceptible de putréfaction, tout ce qui peut infecter l'air. Les citernes sont négligées; on y conduit des chevaux, on y jette des immondices. L'eau est bientôt corrompue, et le soldat y puise à longs traits le germe de toutes les maladies; faites-y placer des factionnaires. Exigez de la part des commandans de place la surveillance la plus sévère, qu'ils ne laissent autour d'eux aucun cadavres, qu'ils fassent des rondes, qu'ils requièrent des paysans, et qu'aussitôt la troupe en marche, on nettoie le camp, on enfouisse tous les débris, toutes les ordures. Veillez aussi à la confection de l'équipement. L'habit est si étroit, que celui qui le porte le déchire vite; il ne convient pas dans un pays chaud, il faut qu'il soit large et bien cousu. Prenez également garde de fatiguer la troupe, elle a besoin de s'acclimater, ménagez-la, ne la surchargez pas de service. Les postes sont en général trop nombreux. Croiriez-vous qu'à Rosette, où l'on ne compte que 600 hommes, il y en a constamment 300 sous les armes. J'ai mandé à Menou de mettre fin à cet abus. Au Caire, où sont les hôpitaux, le quartier-général, les magasins et les dépôts, nous n'avons que 150 hommes. Tenez-vous en masse, ne vous disséminez pas, que chaque corps s'éclaire lui-même, personne ne sera foulé; des brigades font aussi des détachemens de grenadiers : cela ne doit pas être. Les grenadiers ne fournissent pas d'escortes, ils ne s'éparpillent ni en tirailleurs, ni en grande garde, ils restent réunis pour prendre la tête de la colonne en cas d'alerte, et donner de la confiance à la troupe. Ce n'est que dans un cas grave, comme lorsqu'il s'agit de tenir un pont, un défilé, qu'il est permis de les envoyer en avant-postes. Nous sommes dans un pays où la chaleur accable le soldat, où la soif l'exténue; que les corps prennent leurs mesures en conséquence. Je veux que chaque homme ait un bidon qui contienne la provision d'eau pour un jour, et reçoive sa provision de café. On le distribuera grillé; vous avez des moulins, vous le ferez moudre : cela tiendra lieu de spiritueux. J'aviserai cependant aux moyens d'y ajouter un peu d'eau-de-vie. Quant aux chevaux, on les accoutumera à l'eau saumâtre des puits, et l'on fera exécuter des vases en cuir capables de recevoir la consommation de la journée. Ainsi, l'armée sera à l'abri d'une partie des privations du désert; elle aura toujours de quoi étancher sa soif; mais ce n'est pas là que doivent se borner nos soins. Il faut que nous fassions jaillir du sol les ressources que nous a emporté la flotte, que nous en tirions de quoi faire face aux dépenses, que nous nous suffisions à nous-mêmes. Dans un pays tel que l'Egypte, le problème n'est pas merveilleux, mais encore faut-il que l'agriculture, que l'administration, soient encouragées, surveillées. La distribution des eaux doit se faire avec ordre, avec économie. C'est d'elle que dépend la fécondité des terres, et par conséquent la prospérité de nos finances. Prenez connaissance de tout ce qui intéresse la population, l'industrie, les arts, le commerce de vos provinces. Nous verrons d'après cela de quelles améliorations ils sont susceptibles, car, enfin, si nous ne devions pas faire mieux que les Mamelouks, autant valait ne pas venir.

Le peuple se donne à nous, ménagez-le, pliez vous à ses préjugés, rendez sa condition plus douce. Nous sommes regardés comme de petits saints depuis que nous avons fêté le prophète, n'allons pas, par quelque imprudence, détruire cette heureuse impression ; prenez le ton qui convient pour qu'on obéisse ; mais notre tâche est environnée de travail, de peines, de difficultés, ne la compliquons pas mal à propos. Je n'ai pas vu par exemple avec plaisir la manière dont Zayonéchek s'est conduit avec son Cophte. Mon intention est, je le répète, qu'on ménage ces gens-là, qu'on ait des égards pour eux; qu'il fasse connaître ses sujets de plaintes, je le ferai remplacer.

Il va également faire arrêter le divan sans savoir s'il est coupable ou non et le relâche douze heures après. Ce n'est pas là le moyen de se concilier les hommes. Il faut étudier les peuples chez lesquels on se trouve, distinguer ceux qui sont susceptibles d'être employés, faire quelquefois des exemples justes et sévères, mais jamais rien qui approche du caprice ou de la légèreté. »

Pousselques entra. « Comment, lui dit le général, y-pensez vous ? la créature des Mameluks ! l'écrivain de Soliman ! dans la Haute-Egypte avec Desaix !— Vous voulez qu'il corresponde avec son maître Moallem Jacob, reprit le financier? Il était, il est vrai, attaché à la maison du Bey, mais n'en était pas à beaucoup près l'ami. L'intendant général d'ailleurs en répond, il le garantit sur sa tête et même sur son argent. Il est enchanté de la remise que vous avez faite à Mensuf, admire la manière dont vous traitez le peuple, les encouragemens que vous donnez à l'agriculture. « Je voudrais, me disait-il, avoir deux millions de sequins, je dirais à Bonaparte, « Tiens, les voilà, paie bien tes soldats et sois victorieux de l'univers, tu es fait pour commander au cœur comme à l'esprit. » Un tel homme doit être scrupuleux sur ses choix, d'ailleurs le voici. Il entrait en effet couvert de son énorme coiffure, et tenant un papier à la main. « Sultan, lui dit-il, Tombar te trahit. Je viens d'en avoir l'assurance, je me hâte de te la communiquer. Voici la lettre que m'écrit l'intendant :

« Nous vous avons déjà rendu compte des me-
» nées d'Hassan, nous avons voulu savoir jusqu'où
» il les avait poussées. Nous lui avons envoyé un
» exprès pour l'engager à se rendre à Damiette.
» Nous étions bien convaincus qu'il n'y viendrait

» pas, mais c'était pour l'espionner. Maintenant,
» il vient de répondre qu'il lui est impossible de
» quitter à cause des différents survenus entre les
» pêcheurs de la Charkié et ceux de la Matarié.
» Quant à ceci, il n'y avait pas un mot de vrai,
» mais la vraie raison est qu'il avait reçu des let-
» tres de Syrie, qui l'invitaient à s'y rendre. La
» preuve en est qu'il a envoyé prendre sa famille
» qui était à Damiette. »

Cet Assan était un Cheik de Menzalé, riche, puissant, adroit, redouté de Mourad lui-même, il voulait jouer le rôle qu'il avait joué sous les Mamelouks, celui de protecteur de son canton. Il en avait la confiance. Il était placé sur des passages de la Syrie. Ce n'était pas un homme à dédaigner, son ascendant eût contenu les Arabes et retenu les gens du pays, mais il était engagé avec Ibrahim; il avait hautement annoncé l'intention de nous combattre. Il marcha, attaqua nos troupes. Elles allaient succomber, lorsque le général Vial fit répandre le bruit que des colonnes avançaient; nos soldats font des prodiges, l'ennemi est culbuté et détruit.

TROISIÈME NOTE.

RAPPORT DE GUIBERT,

ENVOYÉ PAR LE GÉNÉRAL BONAPARTE A BORD DE LA FLOTTE ANGLAISE.

« Je partis d'Aboukir pour me rendre à bord de la flotte anglaise, un seul vaisseau était en vue. C'était le Swisshine. Une chaloupe vint au-devant de moi. Je demandai le commodore Hood. On me répondit qu'il croisait devant Alexandrie ; que le capitaine Lallowell me priait de me rendre à bord. J'allai, je fus reçu avec assez de froideur, surtout lorsqu'on vit que j'étais accompagné d'un Turc. J'exposai le sujet de ma démarche, on m'assura qu'elle était inutile, qu'Assan-Bey ne recevrait pas mon Musulman. J'insistai, je demandai à voir le commodore, il était éloigné, on venait de faire le signal d'approche, on me proposa d'attendre. On servit le déjeûner. Peu après, le capitaine devint plus aimable. Le hasard rappela d'anciennes relations de famille, la conversation devint plus vive, plus aisée. Mon convive attendait des nouvelles d'Europe, parlait des dispositions de la Porte, assurait qu'elles étaient tout-à-fait hostiles. Je l'interrompais fréquemment, il riait de mes saillies. Il me protestait que j'étais un enfant, qu'il disait vrai. « Cependant, ce que vous m'annoncez est peu d'accord avec les lettres que le général reçoit de Constantinople, — de Constantinople! — de l'aveu du sultan. — Il sourit, mais il ne put cacher sa surprise. — Vous ne pouvez néanmoins douter qu'Assan ne soit devant Alexandrie? J'allais l'interrompre. Il continua. — Nous étions à Rhodes lorsqu'il fut forcé. — Forcé! repris-je en riant. — Oui par les ordres de la sublime Porte. Je n'insistai pas. Il me fit voir la lettre que vous aviez adressée à Talleyrand au sujet de l'affaire d'Aboukir. Quand il fut au passage où vous parlez des vingt-deux vaisseaux qui nous restent dans la Méditerranée, il se mit malicieusement à les compter sur ses doigts et ajouta : votre évêque n'est pas à Constantinople, et il a eu raison de n'y pas venir. Qu'y eût-il fait? vos bons amis n'y sont plus, le visir est déposé, le Reiseffendi chassé, vous n'y avez plus personne. Je feignis de ne pas entendre. Il l'aperçut et se mit à discourir sur l'escadre russe. — Elle est à Cronstadt. — Non, plus près de vous; au golfe de Venise, elle va attaquer vos îles. — l'Egypte ? — Pas encore, mais Corfou. — Que ne nous la montrez-vous ! cela ferait de l'effet. Il parut piqué. — Mais, reprit-il, si cela ne s'accorde pas avec ses opérations, n'avez-vous pas en vue deux de ses frégates ? Villeneuve a dû vous en donner des nouvelles. — Vous l'avez pris ? — Non; l'heureux Chassé, par un coup de vent, a gagné Corfou, le reste est à Malte. — La justice ! — Sans doute aussi. — Cependant on l'a dit tombée dans vos mains. S'il en est ainsi je vous demande la permission de faire passer quelques fonds à un parent qui était à bord, il appartient à une famille riche. — Vous avez raison, reprit-il maladroitement, elle est coulée à fond, donnez-moi le nom de votre ami, je ferai faire des recherches. Je lui donnai le premier nom venu.

Assan parut. Cet incident déconcerta le capitaine; il se remit pourtant, continua la conversation, mais mon Musulman, s'approchant du bey et tirant une lettre de sa poche, me demanda si je devais la lui remettre. Non, lui dis-je, vous ne me la rendrez qu'en présence du commodore, et m'approchant de M. Lallowell qui toisait toujours le pacha : « Vous voyez qu'il cherche dans vos yeux ce qu'il doit faire. S'il ne la reçoit pas c'est vous qui la refusez. Il s'excusa, sortit, appela Assan qui me rejoignit sans que j'eusse l'air d'avoir aperçu leurs signes. — Eh bien nous voilà en guerre, dit le Turc. Vous avez envahi l'Egypte, vous nous avez forcé à prendre les armes. — Pas plus que quand nous châtions Tripoli. — Mais vous avez violé les traités. — Comme Louis XIV les viola en bombardant Alger. Vous n'êtes pas maîtres chez vous, les Mameloucks se jouent de vos firmans. Vous ne pouvez nous rendre justice, nous vengeons des outrages qui sont aussi les vôtres. Qu'auriez-vous à dire aujourd'hui que vous n'eussiez pas dû dire à nos pères? Comment ce qui ne blessait pas les traités, il y a bientôt deux siècles, les enfreint-il aujourd'hui? êtes-vous plus pointilleux, plus susceptibles? Les Anglais... — sont nos alliés; les Russes aussi, nous vous forcerons d'évacuer l'Egypte. — Y pensez-vous, lui dis-je en italien? la Porte unie à la Russie! à une puissance qui vous hait; que sa position, sa croyance rendent ennemie du croissant. L'alliance serait monstrueuse, elle n'est pas possible. Le général correspond avec Constantinople par la Syrie, le grand seigneur ne l'ignore pas. — Cent quarante-six Français ont été chargés de fers à Rhodes, me dit son féroce interprète, et cette mesure a été suivie dans tous les pouchalics. — Elle sera désavouée, prenez-y garde, ne précipitez rien, trop de zèle pourrait vous coûter la tête. M. Lallowell nous joignit, parla de l'Egypte, des Arabes. « Vous pouvez, lui dis-je, causer de ceux-ci en connaissance de cause. Ils fréquentent votre bord, vous instruisent de nos mouvemens, courent le désert. Vous savez tout par eux. — Pas la moindre chose, nous n'en recevons aucun. — Voyez pourtant, j'aurais juré que l'intendant d'Ibrahim était encore ces jours derniers sur le Swishure et que c'est de là qu'il est passé en Syrie. — Non, je vous l'assure, ce Mamelouk n'a pas paru, mais vos Grecs. — Affluent de tous côtés. — Vous en avez déjà plus de cinquante mille. — Pour le coup il n'y a pas à s'en dédire, ceci est un tour d'Arabe, il n'est pas possible autrement que vous soyez si bien instruit ; mais les communications seront désormais moins faciles, le Cheic d'Elkou n'est plus, ses indiscrétions lui ont coûté la vie. » M. Lallowell me proposa de visiter son vaisseau, j'acceptai. J'étais dans la première batterie, j'examinais quelque chose qui m'avait frappé. Un émigré m'accoste à la dérobée, me témoigne les regrets qu'il éprouve de suivre d'autres couleurs que celles de son pays, me demande des nouvelles de l'armée des cinquante mille Grecs, et m'apprend que le bord ne désemplit pas d'Arabes, et que onze de nos soldats sont à fond de cale. Je me fais conduire à ces malheureux, ils mouraient de faim. Un officier qui m'aperçoit s'avance avec précipitation ; « mais l'équipage n'a lui-même que la demi-ration. Je le crois, monsieur, lui répondis-je, car nous, nous partagions toujours avec nos ennemis.

Le commodore était encore éloigné, on se mit à table. Le capitaine but beaucoup, parla davantage et termina en concluant que c'était le Directoire qui ne voulait pas la paix. — Il est cependant singulier que depuis trois ans que la victoire se montre fidèle à nos drapeaux, nous ayons constamment l'initiative des négociations. Dernièrement nous touchions à Vienne, nous étions maîtres de la Styrie, de la Carniole, de la Carinthie, rien ne pouvait plus nous arrêter. Cependant le général fit des ouvertures, vous savez la lettre qu'il écrivit au prince Charles. « Les braves militaires font la guerre et désirent la paix. »

Eh bien, reprit le capitaine, ne soyons pas plus belliqueux que votre général, à la paix, à une paix honorable dont les deux nations puissent s'applaudir !

Nous nous rendîmes à bord du Zelions. Le commodore me reçut encore plus froidement que n'avait d'abord fait M. Lalloovell, prit ce capitaine et le Bey à l'écart, causa quelque temps avec eux et vint à moi. Vous connaissez, lui dis-je, l'objet de ma mission. — Oui, mais Assan ne recevra jamais la lettre de votre général. — Il l'eût cependant reçue ce matin, il n'attendait que votre permission, j'insistai sur ce mot. — Eh bien, que votre Turc se présente, le pacha la recevra ou ne la recevra pas, il est parfaitement libre. — Assan la reçut, l'ouvrit, l'interprète s'approcha, ils la lurent ensemble, ils souriaient, affectaient du dédain, s'adressaient de temps à autre à M. Hood, qui se croyait par intervalle obligé de partager leurs éclats. D'où vient, me dit-il enfin, que vous vous présentez sous pavillon turc? doutez-vous que la Porte vous ait déclaré la guerre? eh bien je vous donne parole que le fait est constant. Et M. Bonaparte, où est-il? — au Caire, je pense. Il avait conclu un traité d'alliance avec les Arabes du mont Liban et les princes du Sinaï, et était parti pour Suez où venait d'arriver un assez grand nombre de bâtimens. Je lui demandai à mon tour des nouvelles d'Europe. — Je n'en ai pas depuis plus de sept semaines. J'en attends, dès que les journaux seront arrivés je les ferai passer à votre général, si même vous avez quelque chose pour l'Italie, je l'expédierai volontiers. — Merci de cette complaisance ; depuis les premiers jours de septembre le général expédie chaque jours un bâtiment. Quelques-uns même étaient montés par ses aides-de-camp. — Oui. — Vous en avez sans doute pris beaucoup ; avez-vous pris son frère ? — Comment ! Le frère du général Bonaparte. — Il est parti d'Alexandrie il y a vingt-cinq ou trente jours. — Impossible. — Rien n'est plus vrai. — Il n'échappera pas aux croisières supérieures. — Le général l'a bien prévu. Il était piqué. Il me parla du général Desaix, de ses mesures, de l'étonnement où il avait été en voyant que M. Lalowell avait reçu un parlemantaire venant d'Aboukir. Je lui répliquai que j'étais parti non d'Aboukir, mais de Rosette, que si j'étais venu par la première place, la barre du Nil était trop forte, elle m'aurait forcé de changer de direction, que du reste il pouvait être dangereux pour nous que des parlementaires pénétrassent dans un fort, dans un poste, dont ils pouvaient reconnaître la position, tandis qu'il était indifférent pour eux qu'ils vinssent de tel ou tel point, se rendissent à tel ou tel bord. Cette observation ne le satisfit pas.

Il se plaignit du Directoire qui venait d'ordonner que les lettres interceptées sur des bâtimens seraient envoyées en France, et ajouta : « Vous faites la guerre comme on ne la fit jamais, mais peu importe. De quelque manière que vous agissiez, nous vous imiterons, nous prêcherons d'exemple, prenez-y garde. » Imputez, lui dis-je, à notre gouvernement ce qu'il vous plaira, il lui restera toujours beaucoup à faire pour être au niveau du vôtre; mais je ne pense pas que vous accusiez la loyauté du général, sa manière de faire la guerre a toujours été franche, ouverte, pleine d'humanité. Vous n'ignorez pas qu'au siége de Mantoue, il entretint les ambulances autrichiennes de médicamens, qu'il faisait passer de la viande fraîche aux malades.

QUATRIÈME NOTE.

Dupuy fit occuper la place. Je continuai le mouvement, je côtoyai le Nil, Dugua marcha sur les Pyramides. Nous choisîmes des positions avantageuses, nous les retranchâmes, l'armée était à l'abri des surprises, elle put goûter quelque repos. J'avais rendu les tribus plus mesurées, plus circonspectes. J'avais détaché des espions, poussé des reconnaissances ; je savais ce que projetaient les beys ; mes instructions étaient remplies, je partis pour le Caire. Je me rendis chez le général en chef. Je le trouvai qui s'entretenait avec Rosetti. « Eh bien ! Mourad ? — Il court, répondis-je. — Non, il négocie ; il vient de me faire faire des ouvertures. Voilà monsieur qui lui porte ma réponse. » Et il reprit sa conversation avec Rosetti. Vous vous rendrez secrètement auprès de Mourad, vous lui direz que vous m'avez présenté son envoyé, que celui-ci, par ses propos indiscrets et faux n'est parvenu qu'à m'indisposer, mais que j'ai réfléchi qu'il pourrait arriver un moment où il serait de mon intérêt de me servir de Mourad, comme de mon bras droit, et que je consens à ce qu'il conserve la province de Girgé, où il se retirera dans l'espace de cinq jours, que de mon côté je n'y ferai point entrer de troupes; vous lui direz que, ce premier arrangement fait, il est possible que je lui accorde, lorsque je le connaîtrai mieux, de plus grands avantages, et vous signerez de suite, en français et en arabe, un traité conçu à peu près en ces termes :

Article 1er. Mourad-Bey conservera avec lui 5 à 600 hommes à cheval, avec lesquels il gouvernera la province de Girgé, depuis les Cataractes jusqu'à une demi-lieue plus bas que Girgé, et la maintiendra à l'abri des Arabes.

Art. 2. Il se reconnaîtra dans le gouvernement

de ladite province dépendant de la France; il paiera à l'administration de l'armée le miri que cette province payait.

Art. 3. Le général s'engage de son côté à ne faire entrer aucunes troupes dans la province de Girgé et à laisser le gouvernement à Mourad-Bey.

Art. 4. Mourad-Bey sera rendu au-delà de Girgé dans l'espace de cinq jours, aucun de ses gens n'en pourra sortir pour entrer dans les limites d'une autre province, sans la permission du général.

— La part est trop petite, il n'acceptera pas. — Que peut-il faire? il n'a plus personne. — Le désert. — Qu'il ne se confie pas trop au désert : il ne sera pas long-temps à lui. J'ai donné des ordres à cet égard. Les chefs de corps, les commandans des provinces vont s'occuper des intérêts qui lient les Arabes avec ceux qui les entourent. Quand nous aurons les champs qu'ils occupent, les champs qu'ils cultivent, les paccages que fréquentent leurs bestiaux, nous parviendrons sans peine à les contenir. Ils ne sont si insolens que parce que nos menaces sont maladroites et qu'ils sentent bien que nous ignorons le mal que nous pouvons leur faire. Peu à peu nous leurs ôterons leurs chevaux, nous les désarmerons, il faudra bien qu'ils se civilisent. » On apporta le courrier. Il n'avait pas de nouvelle de France. Il l'ouvrit, le parcourut à la hâte. « Ce pauvre Garat! Il extravague! Des îles pour essayer des systèmes! tenez, lisez. Le songe creux! « J'ai beaucoup médité dans ma vie sur les moyens de rendre à toutes les institutions d'un peuple les grands attributs de quelques législations anciennes et les principes rigoureusement démontrés de notre nouvel ordre social, sur les moyens de rendre toutes les classes d'une nation, capables d'exercer à la fois leurs bras et leur intelligence, de faire sortir de leur main toutes les sensations et les pensées justes. Le résultat de mes méditations a été de me persuader profondément qu'avec de la force et du pouvoir, en prenant l'espèce humaine telle qu'elle est, on pourrait en créer une autre en quelque sorte, dans laquelle on ne verrait presque rien des folies et de la cupidité de la première. Eh bien ! général, je vous demande une île ou deux, comme un peintre qui a des dessins dans la tête et un pinceau à la main, demande une toile et des couleurs. Vous allez avoir plusieurs îles et plusieurs peuplades à votre disposition, et toutes sont placées dans les climats les plus propres aux expériences sociales. Si on laisse tomber les révolutions dans les routines, elles deviendront stériles.

« C'est à vous, général, à multiplier les essais pour multiplier les méthodes, et à donner aux méthodes les plus mûres et les plus hardies le poids et l'autorité d'une expérience faite. Je vous le répète, j'ai assez réfléchi sur mes idées pour leur donner de la précision et pour approcher mes théories de la pratique. » J'achevais de lire. — « Eh bien ! que vous semble de cet idéologue ? — Admirable, général. — Les voilà cependant, ils songent ; mais voilà qui vaut mieux que ces folies.

Chabot ne me demande pas d'îles, il n'aspire qu'à combattre et me donne des renseignemens que je ne suis pas fâché que vous connaissiez, vous verrez que, quoique nos amis d'Europe m'aient déjà tué dix à douze fois, nos affaires prennent une assez bonne tournure.

« Nous avons reçu, général, avec enthousiasme la nouvelle que vous nous avez donnée de votre glorieuse conquête de Malte. — Les Grecs de ces départemens ont senti tout le prix de cette importante possession. L'allégresse a été générale. Des fêtes publiques ont été célébrées dans toutes les communes ; Corfou et Zante surtout se sont distinguées par la pompe et la magnificence qu'elles y ont mises, et je me fais un devoir d'être auprès de vous l'interprète des sentimens de reconnaissance et de vénération que vous ont voués les habitans de ces îles.

« Ce dont je dois vous instruire également, c'est de la joie qu'ont montrée les troupes, en apprenant qu'elles faisaient partie de votre armée; elles ont eu bientôt oublié l'état de dénuement auquel elles sont réduites pour ne former d'autres vœux que celui de marcher sous vos ordres pour contribuer à vos triomphes. »

CINQUIÈME NOTE.

Le désastre d'Aboukir, qui avait rendu l'espérance à Ibrahim, avait aussi relevé le courage de Mourad. Il allait souscrire aux conditions qui lui étaient offertes, il expédiait son ministre au Caire. Il apprit la destruction de la flotte, il avait rallié des nuées d'Arabes, les Anglais lui annonçaient des secours, il rompit les négociations. Il était établi à Bénessé avec ses Mamelouks et la population qu'il avait armée. Desaix avait aussitôt reçu l'ordre de l'aller chercher. L'expédition n'était pas sans difficultés. En Egypte, il n'y a qu'une partie de l'année que les communications sont ouvertes. Le reste du temps elles sont impraticables; par terre, elle est trop vaseuse; par eau, il n'y en a pas assez. Le général s'embarqua cependant avec deux bataillons de la 88ᵉ de ligne, deux de la 61ᵉ, deux de la 21ᵉ légère, et l'artillerie attachée à la division. Un schebec, 6 avisos et 2 demi-galères escortaient le convoi. — Il remonta le Nil avec des peines infinies, et arriva enfin à Benisouef. Il débarqua aussitôt avec un bataillon de la 21ᵉ et se porta à marche forcée sur le canal Joseph. L'inondation du Nil était déjà très étendue. Mais les troupes étaient pleines d'ardeur, la vase, les canaux, rien ne les arrête. Elles cheminent dans l'eau pendant quatre heures consécutives, passent le lac Bahene où elles en avaient jusqu'aux épaules, et arrivent enfin, après mille obstacles, jusqu'au village. Les Mamelouks fuient, se dispersent, gagnent la rive opposée et nous abandonnent leurs chaloupes chargées de tentes, d'équipages, de pièces. Mourad chercha vainement à dégager sa flottille, ses soldats autrefois si braves, reculent à la vue de nos baïonnettes; quelque efforts qu'il fasse, il ne peut les enlever. « Eh bien, leur dit-il enfin, puisque vous n'osez affronter cette méprisable infanterie que vos chevaux devraient fouler aux pieds, fuyons dans des lieux où vous soyez mis à de moins rudes épreuves. Le pouvoir et les richesses sont le prix du courage; il est juste que les Français en jouissent. En même temps, il pique son cheval, et sans écouter ni représentations ni promesses, il s'enfonce dans le désert.

Le général regagne le Nil, appareille de nouveau et ne s'arrête qu'à l'entrée du canal. — Il apprend que l'ennemi était à Siout avec le reste de ses chaloupes. Il part avec deux demi-galères que montaient quatre bataillons : mais la flottille des beys met à la voile et se retire vers les Cataractes. Trois cachefs avec leurs mamelouks et des corps nombreux d'Arabes étaient campés à six lieues plus loin. Desaix espérait les joindre et se dédommager sur eux d'avoir manqué les Djermes ; mais ils n'étaient pas disposés à nous attendre, il en fut pour la course.

Il entra dans le Bahar-Joseph après une navigation longue et difficile où il échouait à chaque pas. Il aperçut enfin un corps de Mamelouks qui montrait quelque assurance. La fusillade s'engage, l'ennemi plie, nous arrivons à Mansourah. Les beys l'occupaient en force, il eût été dangereux de prendre terre devant des troupes aussi nombreuses. Nous virons de bord, et dès que nous sommes hors de vue, nous débarquons. Les Arabes accourent en tumulte : mais les carabines les dispersent. Nous sommes bientôt à Mansourah. Dès que Mourad nous aperçoit, il gagne les hauteurs et se dispose à nous charger. Le général fait un changement de front, marche droit à lui et le cannone avec tant de succès qu'il s'arrête et se replie. Nous le suivîmes jusqu'à Elbelamous. Il éludait l'engagement. Nos provisions étaient épuisées, nous regagnâmes nos barques pour les rafraîchir. A la vue du mouvement, l'ennemi s'imagine que nous sommes en retraite. Arabes et Mamelouks poussent des cris de joie, ils nous pressent, nous poussent, nous sommes assaillis partout. Quelques coups de mitraille parviennent enfin à calmer cette effervescence, nous achevons notre mouvement sans être inquiétés.

L'armée se reposait depuis deux jours. Le général Desaix, informé par ses espions que Mourad avait l'intention de l'attendre à Sédiman, se dispose à l'attaquer lui-même. Nos troupes se mettent en marche à la pointe du jour. Nous suivons l'inondation et le bord du désert formés en carrés avec des pelotons de flanc. Nous apercevons bientôt Mourad à la tête de 3,000 Mamelouks et de 8 à 10,000 Arabes qui venaient à nous. Les drapeaux étaient déployés, les trompettes sonnaient, c'étaient des cris confus d'espérance et de joie. Ils s'élancent en tumulte sur l'un des petits carrés. Le capitaine Vallète, qui le commande, donne ordre de commencer le feu. « A dix pas, capitaine, répondent les soldats. » Ils font en effet une décharge à bout portant qui désorganise la cavalerie, mais ils sont si serrés qu'ils ne peuvent recharger leurs armes et n'ont d'autres défenses que la pointe de leurs baïonnettes au milieu des masses qui les entourent. Les Mamelouks les chargent sans pouvoir les enfoncer. La résistance les irrite, ils attaquent avec fureur. Traits, poignards, sabres, pistolets, haches d'armes, tout est lancé sur ces malheureux fantassins. Des troupes fraîches saisissent le moment favorable, rompent, enfoncent le carré; mais la baïonnette et la mitraille en font justice; la terre se couvre de leurs cadavres. —

Cependant la charge était devenue générale; ils se pressent sur le centre, sur les ailes, ils nous menacent partout et partout ils ne trouvent que la mort. Mourad, rebuté, divise alors sa cavalerie et couronne les monticules. Il démasque une batterie et ouvre un feu meurtrier. Notre position était terrible; mais l'ennemi eut égorgé nos blessés, il fallut se battre jusqu'au dernier homme. « Vaincre ou mourir, crie le général au colonel Rapp auquel il montrait la batterie. » Vaincre, lui répondit l'intrépide aide-de-camp, et il s'élance sur la batterie à la tête de quelques braves. Elle fut enlevée et dirigée sur les Arabes. Nous les poursuivîmes jusqu'à Illaon où était leur flottille dont nous nous emparâmes. Ils avaient cinq beys hors de combat, quatre cents hommes d'élite étaient couchés dans la poussière. Une nuée d'Arabes avait succombé. A chaque jour suffit sa peine, nous ne les poursuivîmes pas plus loin. La campagne n'était pas praticable; le général se mit à organiser le fayum. Il changeait, nommait les Cheiks, les Keymackans, s'occupait d'arpentage et d'administration, et ne négligeait rien pour faire oublier que nous étions des infidèles.

Les Anglais n'avaient garde de le souffrir. Cette nation industrieuse à nuire, prêche, suivant la circonstance, la Bible ou la barbarie. Éprise cette fois d'un saint zèle pour les institutions musulmanes, elle était accourue les défendre. Elle enflammait le peuple, elle appelait au combat sacré. C'était un devoir, un ordre. Le prophète, le grand seigneur l'exigeaient; le nom du souverain, le sceau de l'empire, était invoqué, contrefait; elle inondait l'Egypte de prétendus firmans. C'était un faux, mais il s'agissait de carnage, devait-elle s'arrêter à des scrupules? Cette diatribe infâme était faite pour porter le trouble au milieu d'une population dont l'ignorance égale le fanatisme. Elle était ainsi conçue :

« Au nom du Dieu clément et miséricordieux, gloire au Seigneur maître des mondes, salut et paix sur notre prophète Mahomet, le premier et le dernier des prophètes, sur sa famille, et les compagnons de sa mission.

« Le peuple Français (Dieu veuille détruire leur pays de fond en comble et couvrir d'ignominie leurs drapeaux!) est une nation d'infidèles obstinés et de scélérats sans frein. Ils nient l'unité de cet Etre suprême qui a créé le ciel et la terre, ils ne croient point à la mission du prophète destiné à être l'intercesseur des fidèles au jugement dernier, ou pour mieux dire, ils se moquent de toutes les religions, ils rejettent la croyance d'une autre vie, de ses récompenses et de ses supplices; ils ne croient ni à la résurrection des corps, ni au jugement dernier, et ils pensent qu'un aveugle hasard préside à leur vie et à leur mort, qu'ils doivent leur existence à la pure matière, et qu'après que la terre a reçu leurs corps, il n'y a plus ni résurrection, ni compte à rendre, ni demande ni réponse.

» En conséquence, ils se sont emparés des biens de leurs temples, ils ont dépouillé leurs croix de leurs ornemens, et ils ont chassé leurs vicaires, leurs prêtres et leurs religieux.

» Les livres divins inspirés au prophète, ne sont, à leur dire, que mensonge et imposture, et ils regardent le Koran, l'ancien Testament et l'Évangile comme des fables. Les prophètes tels que Moïse, Jésus et Mahomet, ne sont, selon eux, que des hommes comme les autres, qui n'ont jamais eu de mission et qui n'ont pu en imposer qu'à des ignorans. Ils pensent que les hommes étant tous égaux, doivent être également libres; que toute distinction entre eux est injuste, et que chacun doit être le maître de son opinion et de sa manière de vivre.

» C'est sur d'aussi faux principes qu'ils ont bâti une nouvelle constitution et ont fait des lois auxquelles a présidé l'esprit infernal. Ils ont détruit les fondemens de toutes les religions, ils ont légitimé tout ce qui était défendu, ils ont laissé un libre cours aux désirs effrénés de la concupiscence, ils se sont perdus dans un dédale d'erreurs inextricables, et en égarant la vile populace, ils en ont fait un peuple de pervers et de scélérats.

» Un de leurs principes diaboliques est de souffler partout le feu de la discorde, de mettre la désunion parmi les souverains, de troubler les empires et d'exercer les sujets à la révolte, par des écrits mensongers et sophistiques, dans lesquels ils disent avec impudence : « Nous sommes frères et amis, les mêmes intérêts nous unissent, et nous avons les mêmes opinions religieuses. »

« Ensuite viennent de faciles promesses ou des menaces inquiétantes ; en un mot, ils ont appris à distiller le crime et à se servir habilement de la fraude et du parjure. Ils se sont enfoncés dans une mer de vices et d'erreurs. Ils se sont réunis sous les drapeaux du démon et ils ne se plaisent que dans le désordre, ne suivant que les inspirations de l'enfer. Leur conscience n'est jamais troublée par les remords et la crainte de faire le mal. Aucun dogme, aucune opinion religieuse ne les réunit, ils regardent le larcin et le pillage comme un larcin légal, la calomnie comme la plus belle éloquence, et ils ont détruit tous les habitans de la France qui n'ont pas voulu adopter leurs nouveaux et absurdes principes.

« Toutes les nations européennes ont été alarmées de leur audace et de leurs forfaits, et alors ils se sont mis à aboyer comme des chiens, à hurler comme des loups, et dans leur rage ils se sont jetés sur tous les royaumes et sur toutes les républiques pour détruire leur gouvernement et leurs religions, pour enlever leurs femmes et leurs enfans. Des rivières de sang ont abreuvé la terre, et les Français ont enfin réussi dans leurs criminels desseins, vis-à-vis de quelques nations qui ont été forcées de se soumettre.

« Mais en preuve de leurs trahisons et de leurs noirs projets contre le peuple musulman, on peut citer une lettre adressée à Bonaparte, général en chef de leurs armées réprouvées, par les directeurs de leur infâme république; l'un de nos agens secrets nous en a envoyé une copie, et nous allons vous la traduire littéralement, en vous invitant à la bien méditer.

« Vous n'ignorez pas combien les Musulmans tiennent à leur religion; lorsque vous aurez pénétré sur leurs terres, il faut vous faire un plan de conduite adapté à leurs forces, à leurs préjugés, à leurs mœurs. Vis-à-vis des faibles vous emploirez la menace, le massacre et le pillage; quant à ceux qui ont le moyen de résister, vous vous servirez des filets de la ruse et de la fourberie pour les empêcher de nuire, en respectant leur religion, leurs femmes, et leurs propriétés, jusqu'à ce que vous soyez entièrement maîtres, et que vous puissiez disposer de leur sort à votre gré.

« Un bon moyen encore à employer, c'est de

semer adroitement les haines, les dissensions, les guerres intestines, parmi les diverses peuplades qui habitent les pays de l'islamisme. Vous exciterez les mauvais sujets et la populace contre les Shérifs et les gens vertueux. Vous inspirerez partout l'esprit de rébellion aux bons et aux méchants et surtout aux tribus arabes, à leurs cheiks, et à ceux parmi eux qui font le métier de détrousser les voyageurs. Vous ferez aussi vos efforts pour allumer le feu de la discorde parmi les Khans de la Perse et parmi leurs sujets. Vous tâcherez de les engager à des aggressions contre les Ottomans. Les querelles, les désordres, les guerres, les combats, sont utiles et même nécessaires à nos vues. Dans cet état de choses, les gens puissans s'accoutument à secouer le joug, les sujets n'obéissent plus à leurs commandans, de cette manière les liens de la discipline se rompent, et l'état se dissout. Lorsqu'il n'existera plus d'union entr'eux et que leurs biens et leurs trésors seront épuisés, alors il vous sera aisé de les assujétir, et d'asservir leur pays.

« Dans les momens où les dissensions et la guerre civile seront allumées entr'eux, il faut que les Français prêtent main forte aux faibles, parce que , lorsque les puissans seront écrasés et qu'il ne restera plus que des gens faibles, ceux-ci seront bien aisément nos victimes.

« Mais, attendu que nous avons secoué le joug de tout préjugé religieux , que nous avons foulé aux pieds toutes les lois divines et humaines , et que nous ne pourrions jamais compter sur les Musulmans qui sont si zélés pour leur religion , dès que nous les aurons dompté par les moyens de ruse indiqués ci-dessus , alors nous détruirons la Mecque et la Caaba, Medine et le Mausolée de leur prophète, Jérusalem , toutes les mosquées, tous les lieux de leur vénération. Ensuite nous ordonnerons un massacre général et nous n'épargnerons que les jeunes filles et les jeunes garçons, après quoi nous partagerons entre nous leurs dépouilles et leurs terres. Quant à ce qui restera de ce peuple, il nous sera aisé alors de lui faire adopter nos principes , notre constitution , et notre langue , l'islamisme et ses lois disparaîtront de dessus la terre, dans les quatre parties du monde.

« C'est ainsi que finit cette lettre infâme, et, puisse le Dieu tout puissant que nous adorons, tourner contr'eux leurs possédés desseins! Nous vous avons fait une peinture fidèle des Français, de leurs ruses et de leurs fourberies, des moyens qu'ils emploient pour vous perdre. Jugez donc maintenant si tout Musulman, si tout professeur de l'unité n'est pas tenu de prendre les armes contre ces insignes athées!

« O vous donc, défenseurs de l'islamisme, ô vous, héros protecteurs de la foi, ô vous, adorateurs d'un seul dieu qui croyez à la mission de Mahomet, fils d'Abd-Allah, réunissez-vous et marchez au combat sous la protection du très-haut! Ces chiens enragés s'imaginent sans doute que le peuple vrai croyant ressemble à ces infidèles qu'ils ont combattus, qu'ils ont trompés, et à qui ils ont fait adopter leurs faux principes; mais ils ignorent, les maudits, que l'islamisme est gravé dans nos cœurs, et qu'il circule dans nos veines avec notre sang. Nous serait-il possible d'abandonner notre sainte religion, après avoir été éclairés de la divine lumière? Non, non, Dieu ne permettra pas que nous soyons un instant ébranlés. Nous serons fidèles à la foi que nous avons jurée. Le très-haut a dit dans le livre de la vérité: Les vrais croyans ne prendront jamais les incrédules pour amis. Soyez donc sur vos gardes, méfiez-vous des piéges et des embûches qu'ils vous tendent, et ne soyez effrayés ni de leur nombre, ni de leur vêtement hideux. Le lion ne se met point en peine du nombre de renards qui méditent de l'assaillir, et le faucon ne s'effraie par d'un essaim de corbeaux qui croassent contre lui. Soyez unis, prêtez-vous aide et assistance les uns aux autres. Le fidèle, selon l'expression de notre bon prophète, doit être l'appui des fidèles comme les murs d'un édifice qui se soutiennent l'un par l'autre. Oubliez surtout tout sujet de querelle et de dissension qui pourrait exister parmi vous. Que les intérêts de la cause du ciel changent cette haine en bonne harmonie ; chassez loin de vous, quelque part que vous soyez, ceux qui se plaisent à semer la médisance et la calomnie; mais n'éloignez pas sans raisons légitimes le Musulman étranger qui veut se réunir a vous de bonne foi, car l'islamisme fait de tous les fidèles une même famille. Cependant ne cessez pas d'avoir les yeux ouverts et d'observer ce qui se passe autour de vous, car les perfides Français pourraient bien, à force d'argent, chercher à gagner ceux dont la foi est faible, l'esprit léger et le caractère factieux, ils essaient sans doute de lancer de pareils traits au milieu de vous, et alors il est de votre devoir de vous empresser de les éloigner, ou plutôt de les exterminer. En un mot, ne formez qu'un faisceau pour raffermir et faire triompher notre sainte religion, et soyez toujours sur vos gardes contre les piéges et les embûches que vous tendront ces infidèles, car il est clair et très prouvé que tous les malheurs qu'à essuyés l'islamisme, depuis quelque temps, ne viennent que d'eux seuls, mais grâces au ciel, vos sabres sont tranchants, vos flèches sont aigües, vos lances sont perçantes, vos canons ressemblent à la foudre, et toutes sortes d'armes meurtrières, maniées par d'habiles cavaliers, sauront bien atteindre l'infidèle et le précipiter dans les flammes de l'enfer. N'en doutez pas, le ciel est pour vous, l'œil de Dieu veille à votre gloire; et avec la puissante protection du prophète, ces armées d'athées se dissiperont devant nous et seront exterminées. Cette heure va bientôt sonner.

« Nous avons eu ordre de la Sublime-Porte de rassembler les troupes de toutes les provinces de l'empire, et dans peu, des armées aussi nom-

breuses que redoutables, s'avanceront par terre ;
en même temps que des vaisseaux aussi hauts
que des montagnes couvriront la surface des mers ;
des canons qui lancent l'éclair et la foudre; des
héros qui méprisent la mort pour la cause de Dieu,
des guerriers qui par zèle pour leur religion savent
affronter et le fer et le feu, vont se mettre à leur
poursuite, et il nous est, s'il plait à Dieu, réservé
de présider à leur entière destruction, comme la
poussière que les vents dispersent et dissipent. Il
ne restera plus aucun vestige de ces infidèles, car
la promesse de Dieu est formelle, l'espoir du méchant sera trompé et les méchants périront.

« Gloire au seigneur des mondes ! »

Égaré par ces suggestions abominables, le peuple se prêta aux vues des Anglais. Ce n'est pas, cependant, qu'il montrât partout la même docilité. Alexandrie, Rahmanié surtout, dont les inclinations étaient tout à fait françaises, repoussaient la séduction, nous livraient même la correspondance; mais les émissaires couraient le désert, se répandaient dans les provinces; ils annonçaient l'arrivée des Turcs, la destruction de nos forces, s'opposaient à la perception du miri. Ils intéressaient le fanatisme, la crainte et l'avarice : ils devaient l'emporter. Les villages prirent les armes.

SIXIÈME NOTE.

Il n'y avait que quelques jours que nous avions pris possession du Caire et cependant tout avait déjà changé de face. Plus d'immondices, plus de cadavres, plus de ces lieux infects qui compromettaient la santé publique. La voirie avait été placée hors des murs, la ville était éclarée, les rues nettoyées. Aucun obstacle ne s'opposait plus à la circulation, aucun tableau ne blessait la vue. Les troupes surtout étaient l'objet d'une vive sollicitude. Elles recevaient des distributions abondantes, elles étaient cantonnées dans les lieux les plus sains, rien de ce qui intéressait leur bien-être n'était négligé. Des hôpitaux ouverts sur les bords du Nil, disposés dans des jardins qui offraient de la verdure, étaient approvisionnés, fournis de médicamens avec une attention religieuse. L'état-major les visitait souvent, et chaque jour la musique y allait exécuter des airs qui rappelaient les malades à la gaîté, qui réveillaient en eux le souvenir de leurs victoires. C'était surtout les fatigues du service que le général cherchait à réduire.

Les postes lui paraissaient trop multipliés, les piquets trop nombreux, il ne pensait pas que la police exigeât cet appareil de forces qui exténuait les soldats. Il donna des ordres et fit alléger le service. Une grande vigilance, dit-il à Dupuy, est plus nécessaire pour la tranquillité de la place qu'une grande dissémination de forces. Quelques officiers qui courent la ville, quelques adjudans-majors qui visitent les endroits les plus essentiels, quelque Francs qui se faufilent dans les marchés et dans les différens quartiers, quelques compagnies de réserve pour envoyer dans les endroits où il y aurait du trouble, sont plus utiles et fatiguent moins que des gardes fixes sur les places et dans les carrefours. Si ce n'était là surveillance à excercer sur les maisons des Mamelouks, quatre cents fantassins et cinquante chevaux suffiraient au service de la place. Mettez quelque centaines d'hommes de plus, vous n'arriverez pas au nombre de ceux que vous tenez sous les armes. Il se fit remettre l'état des postes et du détail du service des diverses places que nous avions occupées et les réduisit beaucoup. Les troupes qui le voyaient courant d'un camp dans un autre, cherchant, examinant sans cesse ce qui pouvait assurer leur santé, améliorer leur sort, admiraient sa prodigieuse activité ; mais ce ciel sans nuages, ces déserts, l'abjection des fellahs, l'opprobre, la misère empreintes partout les blessaient ; elles regrettaient la France. Les officiers, les généraux même, soupiraient après cette patrie qu'ils avaient quittée au milieu de tant d'illusions. Ils voulaient la revoir et s'abandonnaient à des idées violentes. Le général en fut instruit. Il me manda sur le champ. — Et la 21me, général ? Elle est soumise et dévouée. — Elle n'épouse donc pas les dégoûts répandus dans les autres demi-brigades ? — Elle ne demande que quelques objets de chaussure qui lui manquent. — Dans ce cas, allez, distribuez-les et revenez. » Je fus à ma troupe, je la trouvai dans les meilleures dispositions. J'en rendis compte au général. Le courrier d'Alexandrie venait d'arriver. « Tout le monde, me dit-il, ne s'abandonne pas aux suggestions de nos bons amis de Rome. Tenez, voyez ce que m'écrit le brave Kléber, car ce n'est pas ici seulement qu'on travaille les troupes et qu'on sème des bruits propres à les soulever. »

« Au quartier-général d'Alexandrie,
1er thermidor an VI (19 juillet 1798.)

« Il y a deux ou trois jours, citoyen général,
» qu'un employé de l'armée fit courir le bruit et
» répandit partout, qu'il y avait eu un mouvement
» à Paris en sens contraire de celui du 18 fruc-
» tidor; que Lamarque, Sièyes et plusieurs au-
» tres avaient été déportés, que Talleyrand de
» Périgord était ambassadeur à Vienne, Berna-
» dotte, ministre de la guerre; enfin que vous étiez
» rappelé.
» Comme cette dernière nouvelle a fait sensa-

» tion, j'ai fait arrêter le . . . . . pour être in-
» terrogé. Ce qui pourtant m'a fait penser qu'il
» pouvait y avoir du vrai dans tout ceci, c'est le
» courrier qui vint de Toulon, il y a quelques
» jours, et qui prit un air fort mystérieux.
» Veuillez me faire connaître ce qu'il en est.
» J'ai résolu, mon général, de vous suivre par-
» tout, je vous suivrai également en France, je
» n'obéirai jamais à d'autres qu'à vous, et je ne
» commanderai pas parce que je ne veux pas être
« en contact immédiat avec le Gouvernement. Je
» n'ai jamais été si avide de nouvelles sur Paris
» et sur les événemens du Caire. »

« Quand un homme tel que Kléber est dévoué,
j'ai bien le droit d'exiger que d'autres obéissent.
Que veulent-ils faire ? Que prétendent-ils ?
m'obliger de regagner l'Europe. Ce n'est pas là
que les ordres du gouvernement m'appellent. Je
saurai mettre ordre à ces complots. » Il entra
dans le salon, parla de choses indifférentes, et
prenant tout à coup un air sévère : « Je sais, messieurs, quels projets que quelques-uns d'entre
vous nourrissent. Vous vous êtes imaginés trouver

l'Italie partout, rencontrer chaque soir bon lit, bonne chère, et prendre avant le départ, le chocolat avec vos maîtresses. Quand cela se présente, on en jouit; mais il faut savoir s'en passer lorsqu'on ne peut l'obtenir. Au reste, qu'on y prenne garde. Tambour ou général, quiconque s'écartera de son devoir, sera impitoyablement fusillé. » Le déjeûner était servi ; on se mit à table, le repas ne fut pas bruyant, mais personne ne chercha plus à associer les troupes à ses ennuis.

SEPTIÈME NOTE.

Nous avions mis aux prises les défiances religieuses, nous avions éveillé le doute, opposé les cheicks aux Muphtis, nous avions brisé le levier avec lequel on agite la multitude. Les dévots incertains ne savaient quel parti prendre, et le peuple, qui voyait le ciel désintéressé, revenait à ses habitudes. Il accueillait nos soldats, les éclairait, les défendait même contre les surprises des Arabes. Quelques hussards qui remontaient le Nil, furent attaqués par une tribu nombreuse; ils la tinrent éloignée tant qu'ils eurent des munitions; mais les uns avaient été tués, les autres avaient épuisé leurs cartouches, ils furent obligés de forcer de rames et de gagner un bois qui n'était pas éloigné. Les paysans aperçurent leur détresse; aussitôt femmes, enfans, vieillards, accourent et les conduisent au village. Les Arabes surviennent aussitôt; ils sollicitent, pressent, menacent, offrent cent piastres par tête, si on leur livre les Français. On refuse, ils insistent, toute la population court aux armes, les disperse, équipe une djerme, et escorte les hussards jusqu'à nos postes. Le Cheik fut revêtu de la pelisse, il l'avait bien méritée. Je le vis au Caire, il nous donna quelques détails sur le désert et sur les intrigues qui s'y étaient ourdies.

Il nous apprit que les Anglais avaient établi leur place d'armes à Damanhono, que c'était là que se concertaient les soulèvemens, que se préparaient les surprises et les embuscades, que Felim-Cachef, le plus entreprenant des Mamelouks, Abdala-Bachi, servaient d'intermédiaires entre la flotte et les Beys, et que Massa-Abon-Aly, celui des Bédouins qui avait le plus d'influence, était chargé des insurrections; que c'était l'émissaire le plus dangereux qu'eussent les Anglais. Ses conseils étaient des ordres, il disposait de sa tribu. Une circonstance néanmoins avait diminué son crédit; il avait soulevé le désert et s'était avancé sur Alexandrie ; mais nos pièces, nos fortifications, l'avaient emporté sur l'amour du pillage, il n'avait pu les décider. « Ce n'est pas combattre, c'est courir à la mort, lui avait-on répondu, retournons à nos camps. » Non, dit le Cheik, suivez-moi, puisque vous n'osez affronter les canons, je vais vous livrer une proie plus facile. Il les conduisit à Rahmanié, pilla nos villages, enleva nos buffles et nos moutons. Vos soldats, nous dit le bon Cheik, les poursuivirent, et pourtant ils n'étaient que trente, ils ne défendaient pas leurs richesses, mais ils y allaient avec tant d'abandon, que les Bédouins furent culbutés, obligés de lâcher prise. Nos troupeaux nous furent rendus ; nous baisions les mains de ces hommes si braves, qui s'étaient exposés à la mort pour nous. Quant à moi, qui les ai vu combattre, je ne serai jamais l'ennemi d'une nation qui protége ainsi le pauvre peuple, je ne serai jamais l'ennemi des Français. Le Cheik n'était pas moins émerveillé des améliorations que nous avions faites au Caire. Il n'y était pas venu depuis que nous en avions pris possession, il ne le reconnaissait plus. Les rues n'avaient plus de chaînes, les communications étaient libres, c'étaient des cafés, des salles de jeux, des restaurans, des cabinets de lecture. L'industrie avait succédé à la nonchalance musulmane. Les ateliers étaient ouverts, les fabrications montées, la bière, le salpêtre, le tannage, tous les arts, toutes les exploitations étaient en activité. L'agréable et l'utile se prêtaient un mutuel appui. Les savans éclairaient les braves, les braves protégeaient les savans. C'était un mélange de protections et de bienfaits. Nous travaillions à rendre à ce peuple, que dix siècles d'oppression ont abruti, les institutions qui élèvent l'âme, les souvenirs qui grandissent le courage et le tiennent au niveau de ses aïeux. Je conduisis mon Cheik à l'Institut; on y discutait la question du canal qui joignait autrefois la mer Rouge et la Méditerranée. On rappela quelques excursions faites dans le Delta, la reconnaissance de la branche Tamitique, la visite au lac Natron, on parla de la caste de celui de Monzalé. « Il n'y a, dit le général Bonaparte au milieu de la discussion, que vingt-huit heures de marche d'ici à Suez. Je suis jaloux de résoudre moi-même le problème de géographie qui nous occupe. Ce canal, objet de tant de doutes,

d'hésitations et de craintes, que les historiens assurent avoir été navigable à une époque sur laquelle ils ne s'accordent pas, mérite une étude attentive. Bertholet, Monge, Costat, Lepère, seront du voyage. Nous saurons à quoi nous en tenir; nous sommes aujourd'hui maîtres de la côte, les Arabes sont nos amis, ils nous fournissent de l'eau, des provisions, nous n'éprouverons pas d'obstacles. La place, une des plus grandes de l'Égypte il y a quarante ans, est située sur un cap qui se prolonge à moins de 600 toises de la rive opposée. Quant la mer est basse, ce canal n'a pas au-delà de six pieds de profondeur, et il est guéable à quelque distance de Golzum. Golzum est une hauteur qui commande la ville et le port. On la fortifie, on élève en face une batterie rasante à l'extrémité du quai. Les feux se croiseront, les établissemens que le commerce exige, seront à l'abri d'un coup de main. C'est une expédition à faire, nous la tenterons dès que le temps le permettra. »
—Pourquoi tous ces soins, me dit le Cheik? trois routes conduisent à Suez. Quand quelque affaire m'y appelle, je prends celle de Berketeladji; si je suis pressé, celle de Mokatan; si je n'ai rien à

faire, celle de la vallée de l'Égarement ; si je ne veux pas être aperçu, je franchis le désert, je traverse les sables, et me voilà arrivé. Qu'ai-je besoin de savoir si le calife Omar ou d'autres sultans que je ne connais pas, ont ouvert une route particulière?—Si cette voie se trouve praticable, lui répondis-je, le commerce de l'Inde reprend son ancien cours. Le café, les gommes, tous les produits de l'Arabie s'écoulent par le Nil, et l'Égypte devient l'entrepôt du monde, recouvre son antique splendeur.—Nous le disions à la naissance du prophète, vous êtes venus par l'ordre du Dieu miséricordieux. Vous voulez le bien de l'Égypte, régnez longtemps parmi nous. Le chef d'une caravane qui arrivait du Thoor nous joignit ; il avait conduit du charbon au Caire, et avait été présenté au général en chef. L'accueil qu'il avait reçu l'avait charmé. Il ne tarissait pas sur les éloges du grand sultan. J'ai fourni à ses soldats 10,000 outres d'eau que j'ai transportées de plus d'une lieue dans le désert, j'en eusse encore chargé les quinze cents ânes qui sont à Suez, si je l'eusse connu. Son bras est d'airain, et ses paroles sont de sucre. Je montrerai à ses troupes les sources du désert,

je les approvisionnerai de dattes et de moutons. »
Je laissai mes deux cheiks converser ensemble, et
me dirigeai sur la ville des Tombeaux. Une caravane
du Sinaï venait d'y arriver. Ces peuplades sont
en possession d'approvisionner le Caire de combustibles; mais les Anglais nous avaient dépeints
sous des couleurs si noires, qu'elles avaient suspendu la seule branche de commerce qu'elles possèdent. Quelques-uns de ces montagnards cependant se hasardèrent à conduire en Égypte des
Grecs qui s'y rendirent; ils furent étrangement
surpris du contraste de la réception qu'ils obtinrent avec celle qu'ils attendaient. Ils regagnèrent
leurs foyers, rendirent compte de l'état des choses,
et revinrent avec une nombreuse suite de chameaux. Arrivée aux portes du Caire, la caravane
députa au général en chef pour avoir la permission
de vendre sa marchandise. Suivant l'usage de
l'Orient, elle lui offrit un présent; c'était des raisins, des fruits, des productions agricoles. Les
raisins étaient délicieux, les pommes médiocres,
mais il n'en croît pas en Égypte; elles nous parurent exquises. Les marchands avaient assis leur
camp près de la ville des Tombeaux. L'escorte avait

fait halte plus loin derrière une montagne, sans doute pour éviter les piéges. Leur position était pénible, ils manquaient d'eau, mais à la première alerte, à la moindre inquiétude, les bêtes de somme étaient chargées et ils s'enfonçaient dans le désert. Nous leur proposâmes de s'établir à Boulac, où ils eussent trouvé toutes les commodités sans courir plus de danger. Ils refusèrent ; ce n'était pas leur usage : la défiance était bien naturelle, ils avaient tant été rançonnés par les Mamelouks ! Nos armes, nos costumes, excitaient leur surprise et leur admiration. Mais ce qui les étonnait le plus, c'était nos montres ; l'éclat du cadran, la marche de l'aiguille, le mouvement, le fini des rouages passaient l'idée qu'ils s'étaient faite de l'industrie humaine. Ils n'avaient pas d'expressions pour peindre ce qu'ils éprouvaient. Ils joignaient les mains, levaient les yeux au ciel, et répétaient : *Ai allah! ô Dieu!* Lui seul paraissait capable d'exécuter cette merveille. Un jeune homme surtout paraissait plongé dans l'extase. Viens donc en France, lui dit un soldat, et tu en verras par milliers. — Il y fait froid, répondit l'Arabe, et je ne suis pas habillé.—On t'habillera. — Nous verrons cela quand nous nous connaîtrons mieux, et il se perdit dans la foule.

Mes préparatifs étaient faits, j'allai prendre congé du général. Il me retint, il me parla de notre situation, de l'ignorance où nous étions sur ce qui se passait en France. — Que se proposent-ils ? La flotte est battue, nous sommes privés de toutes les ressources sur lesquelles nous comptions, et comme si l'Angleterre n'était pas assez redoutable, les voilà qui vont ajourner l'expédition d'Irlande. Humbert a eu la sottise de se jeter dans les montagnes avec une poignée de soldats. Qu'il se fasse prendre de sa personne, il n'y a pas grand mal à cela; mais je regrette de voir le brave 2e de chasseurs engagé dans une entreprise aussi folle.

HUITIÈME NOTE.

Je reçus du général en chef l'ordre de départ, et il me dit, quand j'allai prendre congé : « Comme il ne faut pas se mettre de moitié avec la fortune quand elle nous contrarie, ne négligez rien de ce qui peut calmer le pays, éloigner les Mamelouks. Je suis depuis longtemps en relation avec le schérif de la Mecque : ce saint homme n'est certainement pas des nôtres, mais il a besoin de nous, son intérêt le lie, cette garantie en vaut bien une autre. L'iman de Mascate est mieux disposé. En somme notre situation n'est pas mauvaise. Si l'Europe nous est aussi favorable que l'Orient, ce peuple est arraché à la barbarie. »

Je me mis en route ; je traversais un pays cultivé, abondant, je levais des chevaux, je percevais le miri, je cheminai de village en village, obtenant tantôt un bœuf, tantôt un mouton, un cheval, un chameau. Je recevais tout ce qui comblant l'impôt, était moins à la charge de la population. Les Mamelouks y mettaient moins de complaisance, ils pillaient tout, enlevaient tout, et s'ils accordaient quelque chose aux larmes des habitants dépouillés, ce n'était qu'en leur faisant promettre de ne rien fournir aux Français; mais ils fuyaient et ma colonne était là; ils étaient insatiables et nos demandes étaient bornées, les paysans comparaient, venaient avec nous, et acquittaient sans résistance les contributions qui leur étaient imposées.

Mourad s'était porté du côté de Bénisouef, dont il pressurait les campagnes. Le bruit courait qu'il s'avançait sur le Caire, qu'il soulevait les Arabes, les Fellahs, que vingt mille étaient déjà rangés sous ses drapeaux, que les tribus accouraient, que tout le désert était en feu. Je marchai au-devant du Bey, je courus à sa rencontre. Le pays était coupé, difficile, étalait la plus belle végétation; nous longions les plaines de Douzah, nous franchissions des canaux, nous traversions des villages, nous n'arrêtions pas; nous étions impatiens de joindre les Mamelouks. Nous arrivâmes à Bénisouef, mais Mourad n'avait garde de nous attendre, il gagna le désert, il échappa à nos poursuites.

Faute de mieux, je repris mes expéditions financières. J'allais, je venais, je parcourus toute la province. Elle était mieux tenue que ce que j'avais vu jusque-là en Egypte. Les palmiers, les citronniers, les orangers s'y succédaient l'un à l'autre, les roses, les bois odorans étaient entremêlés, confondus, c'était un tableau, un parfum dont l'œil et l'odorat étaient également charmés. Les villages étaient pourvus d'eau, entourés de fossés, et comptaient une nombreuse population. Quelques-uns contenaient jusqu'à dix mille âmes et possédaient des habitations assez vastes pour recevoir quatre, cinq, six cents hommes. Ils étaient parsemés de tronçons, de débris de monumens : ils nous offraient des fontaines, de l'ombrage, des souvenirs, c'étaient d'excellentes positions. Les habitans de Dindilé me firent une réception somptueuse. Les chaudières, les pots, les cuisines étaient en action, c'était un mouvement à faire rôtir tous les poulets qui éclosent en Egypte. Nous étions sous un berceau de feuillage, nous avions des fragmens de colonnes pour appui, les nattes étaient tendues, on servit : le festin se composait de trois jarres de soupe qui eussent suffi pour rassasier un bataillon, d'un veau bouilli, divisé en deux parts, et de trois modestes plats de cinq cents œufs chaque. C'était de quoi empâter deux fois plus de Turcs que je n'avais de soldats.

Pendant que nous parcourions, que nous soumettions une partie des villages, les Mamelouks pillaient et insurgeaient l'autre. Nous n'avions ni repos ni trêve, il fallait toujours courir, toujours chercher une action qui nous échappait toujours. Paraissions-nous, Mourad gagnait le désert; nous dirigions-nous ailleurs, il revenait, se recrutait, se ravitaillait. Nous ne tirions aucun avantage de la victoire, notre pesante infanterie ne pouvait le suivre à travers les sables. La valeur du bey était d'ailleurs si bien connue, les paysans avaient une si haute idée de son courage qu'ils ne doutaient pas du succès. Ils étaient convaincus qu'ils le verraient relever sa fortune et triompher enfin de nos efforts, comme il avait triomphé de ceux des Turcs.

Ils en étaient moins dociles, il fallait les presser, les contraindre, assurer la navigation du Nil, sans quoi les arrivages étaient incertains. Les Mamelouks anéantis, nous avions la paix, le repos, l'abondance. Nous polissions l'Egypte, nous réprimions les Arabes. Les arts, la culture se développaient, notre but était atteint. Mais pour abattre cette milice opiniâtre, il fallait des chevaux, de l'artillerie, et quelques renforts de troupes à pied. Le désert alors nous était ouvert; nous pouvions alors y suivre Mourad, consommer la victoire. Le général en chef se rendit à nos raisons. Il était convaincu de l'insuffisance de ses ressources pour subjuguer l'immense population au milieu de laquelle nous étions.

NEUVIÈME NOTE.

J'avais, pendant son voyage, fait les apprêts nécessaires pour tenter la conquête de la Haute-Égypte. J'avais assemblé des fourrages, fait des magasins de vivres. Nous avions des subsistances, des galères, des fours ambulans, nous étions en mesure, nous pouvions nous mettre en marche; tout était disposé pour surprendre le camp des Beys. Établis à Mansoura, ils délibéraient entre eux sur ce qu'ils avaient à faire, si nous continuions à les poursuivre. La plupart opinaient pour une retraite dans le Saïd. Mourad s'y refusait. Il était en correspondance avec Ibrahim et les Anglais, il attendait ce qui serait résolu. J'avais souvent détaché des colonnes qui levaient des bœufs, des chevaux, et les approchaient chaque fois davantage. Nous croyons avoir endormi leur vigilance; la cavalerie se mit en marche. Mais ils avaient des espions partout, ils furent prévenus, on ne trouva personne. Nous les poursuivîmes. Ils n'avaient que quelques heures d'avance sur nous, nous espérions les atteindre, nous marchions avec célérité. Malheureusement, les routes étaient détestables, l'artillerie avait peine à suivre, elle cassa trois avant-trains. Nous fîmes halte pour l'attendre. Un dragon s'endort; il n'avait pas clos la paupière, qu'un enfant se glisse jusqu'à lui, prend ses armes et s'échappe. Des soldats le poursuivent et ne peuvent l'arrêter qu'en le blessant de plusieurs coups de sabre. On l'interroge sur les motifs de cette action coupable, il lève les yeux au ciel, répond qu'il ne sait pas; que Dieu lui a ordonné ce vol, que le général peut disposer de lui. Il présente son bonnet, et demande ce qu'on ordonne de sa vie. Ce calme, cette résignation, sa douceur, sa jeunesse, plaidaient pour lui. Il fut condamné à quelques coups de fouet. Il se plaça lui-même, et reçut les étrivières sans la moindre émotion. Il avait dix ans !

Le soir, nous aperçûmes les feux des Mamelouks. La rive gauche du canal Joseph en était couverte. Sans les accidens de la journée, nous les eussions atteints. Nous nous consolions en pensant que c'était partie remise : mais ils disparurent pendant la nuit ; nous nous mîmes à leur poursuite. Nous avions en vue des campagnes couvertes de verdure, Sienne, les montagnes de la Lybie. Le coup-d'œil était magnifique. Nous recueillions sur la route les débris des Mamelouks, car, pour pour eux-mêmes, quelque diligence que nous fissions, ils nous échappaient toujours. A minuit, nous nous emparâmes de quatre barques qu'ils n'avaient pu emmener. Harrassés, battus, repoussés partout, ils ne savaient que devenir. Les paysans les fusillaient, le vieil Hucau leur refusait asile. Ils n'avaient plus ni espérance, ni repos, la désertion s'était mise parmi eux. Une troupe de canonniers les avait abandonnés, et vint se rallier à nous.

Les Beys étaient accablés. Les revers avaient engendré la discorde, c'était à qui n'entamerait pas la charge, à qui ne la soutiendrait pas, chacun craignait de perdre ses Mamelouks, et par suite son influence. Personne ne voulait plus se battre. Mourad rebuté par ces discussions et ses défaites, fit des ouvertures. Le général lui transmit sa réponse par l'intermédiaire de Malem Jacob. Elle ne le satisfit pas. Il reçut des dépêches de la côte, il n'en fut plus question. Le Cophte que le peuple regardait comme le grand sultan, et le général en chef des troupes qui avaient envahi la Haute-Égypte, avait été l'intendant de Soliman Bey. Celui-ci, l'avait souvent engagé à rentrer à son service. Il lui écrivit en outre une lettre fort curieuse, il lui représentait que c'était lui qui avait été le premier auteur de sa fortune, qu'il était encore temps de revenir et d'abandonner les Français, que les troupes du Fayoum étaient perdues, que si le général qui les commandait voulait poser les armes, Mourad lui donnerait une province, ou lui fournirait des vaisseaux pour retourner en France. C'était comme on verra, les propositions de Sidney. Malem lui offrit sa médiation auprès du général, ce fut sa réponse.

Nous arrivâmes enfin à Siout, si célèbre autrefois sous le nom de Licofolin. Nous avions les montagnes de la Libie d'un côté, le Nil de l'autre, une rangée d'arbres et de verdure sur le bord du désert; ce n'était plus ce tableau de misère et de stérilité que présente la Basse-Égypte, les terres sont mieux cultivées, les routes plus ouvertes, les canaux mieux tenus. Des puits sont disposés de distance en distance, des paysans chargés d'en distribuer l'eau aux voyageurs, les villages sont plus propres, moins encombrés d'ordures, et ne blessent ni la vue, ni l'odorat : mais d'autres fléaux les tourmentent. Sans cesse en guerre les uns contre les autres, une chèvre, un mouton leur mettent les armes à la main. Les plus forts pillent les plus faibles, jusqu'à ce qu'un revers, une occasion, les livrent à la vengeance de ceux qu'ils ont opprimé. Deux villages allaient en venir aux mains lorsque nous arrivâmes. Les Cheicks furent mandés, ils exposèrent les griefs pour lesquels ils étaient prêts de s'égorger, la réconciliation eut lieu. Pendant que nous étions occupés à pacifier ces villages, arriva une députation des Nubiens. Elle appartenait à une caravane qui avait traversé un désert de cent jours de marche, franchi l'Oasis. Le Cheick de Bencade fut chargé de lui fournir une escorte. C'était un homme turbulent, belliqueux, dévoué, à Mourad. Il avait suivi ses drapeaux, couru sa fortune avec une constance rare pour un Arabe : mais la cause du bey était perdue; il fit des ouvertures, on le reçut; il rentra dans ses foyers. Nous nous mîmes en route pour Girgé; nous ne prenions aucun repos, l'espérance nous donnait des ailes, nous allions atteindre les Mamelouks, nous espérions en finir, nous n'arrêtions pas. Notre célérité fut inutile, l'ennemi s'éloignait encore avec plus de diligence.

Il brûlait ses bagages, détruisait ses munitions, abandonnait ses tentes, ses chameaux, il n'était occupé qu'à fuir. Nous arrivâmes dans la capitale de la Haute-Égypte. Notre flottille était en arrière, elle portait nos vivres, nos munitions, nous ne pûmes pousser plus avant. Dans la frayeur qui les emportait, les Mamelouks avaient abandonné quelques comestibles, des légumes, des troupeaux, des armes même étaient tombées dans nos mains. Mais nos soldats étaient sans chaussure, nous fûmes obligés d'arrêter le mouvement. Nous reçûmes des nouvelles de la Basse-Égypte. Elle semblait désormais inattaquable; on retranchait Rosette, on fortifiait Alexandrie, Belbeis, Salahech, les bouches du Nil; les issues du désert avaient des établissemens, des redoutes étaient en état d'opposer une longue résistance. Le Caire surtout était capable de braver toutes les émeutes. Couronné d'ouvrages qui se liaient, se protégaient les uns les autres, c'était une citadelle, une place de guerre, où la malveillance n'avait garde de se hasarder. Elle cédait d'ailleurs partout à la sollicitude du général en chef. Les préjugés, les répugnances disparaissaient; on admirait son activité, on craignait sa vigilance, j'appris que le Bey avait désarmé un de nos dragons, qu'il l'avait jeté sur un chameau, qu'il le conduisait avec lui, et le traitait avec les égards dus au courage. Je lui écrivis, je le félicitai d'une humanité si rare parmi les Arabes, et réclamai le prisonnier dont il pouvait fixer la rançon. Il me répondit, me demanda un Mamelouk auquel il était attaché, et m'offrit, s'il ne se trouvait pas, de rendre le Français sans rétribution. Il ne se trouva pas en effet, il avait péri en combattant. Le Bey ne s'en disposait pas moins à renvoyer le dragon, lorsque celui-ci prit querelle avec des Mamelouks, en blessa deux et fut tué par un Cachef. Indépendamment des prisonniers dont j'étais bien aise de briser les chaînes, j'avais un autre but. Je ménageais au Mamelouk une façon d'ouverture que je m'attendais à lui voir saisir. Il ne le fit pas, sa lettre était honnête, mais rien de plus. Ce silence m'étonna ; ses moyens étaient épuisés, ses ressources à bout, que se proposait-il ? Les Anglais s'étaient montrés à Cosseir, Smith avait paru sur les côtes. Sans doute on tramait quelque émeute, quelque insurrection nouvelle ? Les Cheiks devenaient mystérieux, le désert s'agitait, la population était inquiète, le mouvement éclata. Assan occupait Sienne, la caravane de Darfono allait déboucher, les Oasis étaient remplis de Mograbins, et l'émir Aoji gagné ; la révolte se propageait de l'extrémité de l'Égypte à l'autre, le peuple se levait, il allait balayer cette poignée d'infidèles, disséminés des embouchures du Nil aux Cataractes. Il ne manquait qu'un apôtre, qu'un prophète qui décidât les faibles et imprimât le mouvement. L'homme de Dieu ne se fit pas attendre. Un prédicant de Darme parut inopinément dans le Bahizé, annonça sa mission, prodigua l'or et les miracles. Il était l'ange El Mody, il charmait les canons, amortissait les balles; un peu de poussière qu'il jetait en l'air détruisait l'effet des projectiles, ni lui, ni ceux qui le suivraient, ne pourraient recevoir la mort. C'était un ange, il n'y avait pas de danger à courir. Le feu gagna partout. Damanhono fut surpris, les Meckains sortirent du désert; Mourad s'avança. C'étaient des Mamelouks, des Arabes, une fourmillière de Barbaresques. Mais nous avions, à défaut de la faveur du ciel, des armes et des soldats. Lassalle court à Themé, cerne, force le village, accable les insurgés. Ceux qui échappent à la baïonnette, vont expirer sous le tranchant du sabre. Tous reçoivent la mort. Davoust, qui avait commencé la défaite, continue le mouvement et atteint Benéhadi. La plaine était inondée de troupes, Mourad débouchait, la disproportion était immense, mais nos soldats ne comptaient pas. Ils fondent sur les masses qui les attendent, les enfoncent et se portent au-devant du Bey. Il n'osa recevoir la charge, rentra précipitamment dans le désert, et quitta la partie. Aussitôt le village est investi, enlevé, réduit en cendres. Deux mille croyans gisaient sans vie au milieu des décombres. Cette terrible exécution eût dû suffire; mais ceux qui avaient échappé couraient se rallier au rassemblement qui menaçait Girgé. Le général les suivit. Il ne put néanmoins arriver à temps. Destrées avait compensé, par son courage, la faiblesse des moyens dont il disposait, et les avait battus. Ils se portaient sur Benisouef : ils allaient se réunir aux mécontens de cette province naturellement inquiète. Davoust continua son mouvement. Elle n'avait jamais vu descendre de troupes qu'après des revers, elle s'imagina que nous étions en déroute, que nous fuyons; elle en devint d'autant plus tumultueuse, tout courut aux armes. Les villages nous refusaient des subsistances, il fallut les sommer, les menacer de les réduire en cendres. Tout fut inutile. Le premier qui se trouva sur la route fut attaqué, pris, couvert de sang et de cadavres. Cet exemple terrible produisit son effet, tout rentra dans l'ordre. L'insurrection fut plus opiniâtre dans la Basse-Égypte. L'Émir n'osa nous attendre, et s'enfuit vers la Syrie; mais l'ange montra plus de résolution, il s'avança à la tête d'une ligue de fanatiques qui juraient que son corps n'était pas matière. Il prodiguait l'or, il ne mangeait pas, c'était un saint descendu du ciel pour purger la terre des mécréans. Tout le monde accourut. Il se porta sur Damanhour, surprit soixante hommes de la légion Nautique et les égorgea. Ce succès acheva d'égarer la multitude. Elle y vit le doigt de Dieu, elle accourut de toutes parts au combat sacré. Lefèvre Desnouettes eut beau tuer, fusiller, ceux qui succombaient n'avaient pas la foi, n'étaient pas de vrais Musulmans, et le vertige gagnait toujours. Dugua, effrayé de cet aveuglement inconcevable et de la coïncidence de tant d'insurrections, assembla des troupes. Davoust descendit au Caire. Lanusse marcha, poussa, culbuta l'apôtre, et fit un tel carnage de ceux qui le suivaient, qu'il fallut enfin quitter la partie. Le prédicant lui-même était atteint. Cette circonstance eût dû dessiller les yeux. Néanmoins, le charme ne fut pas détruit. On imagina qu'il était monté au ciel, d'où il allait diriger les coups.

Pendant que ces choses se passaient au-dessus de moi, je faisais chercher les Beys; deux cents hommes s'étaient avancés sur Sienne, où les Mamelouks d'Osman se remettaient de leurs fatigues, et attendaient le moment d'agir. Ils ne s'étaient pas encore mesurés avec l'infanterie; ce qu'ils en avaient entendu raconter n'avait fait qu'irriter leur courage. Aussitôt qu'ils aperçoivent le détachement, ils partent, ils arrivent, ils fondent sur lui. Le feu, la baïonnette font justice de cette audace; ils tombent, ils se dispersent, la terre est jonchée de morts. Nous les suivîmes; mais la leçon avait été si sévère, qu'ils ne jugèrent pas à propos de nous attendre, et gagnèrent de nouveau le pays des Bribes.

Les Anglais avaient fait une nouvelle apparition à Cosseir: les Musulmans étaient maîtres de la Kuita, ils communiquaient, concertaient leurs mouvemens. Ce voisinage était dangereux et pouvait d'ailleurs amener des Meckains. Nous n'en voulions plus. Je prenais mes mesures en conséquence, je me disposais à traverser le désert et à m'emparer du seul port que la mer Rouge ait au Saïd. Malheureusement, il fallait des pièces, des munitions, des transports, nous n'en avions pas. Je fus longtemps à les réunir. Desaix, qui ne tenait pas compte des obstacles, et ne voyait qu'une occupation utile, s'impatientait des retards. J'avais beau lui représenter que je manquais de poudre, de médicamens, que je n'avais ni chirurgiens, ni ouvriers; qu'arrivé à Cosseir, je ne pourrais y faire un établissement stable, faute d'outils, de fer, de matériaux; il prit mes observations pour de la mauvaise volonté, m'écrivit que si l'expédition me déplaisait, il s'en chargerait lui-même, et me dépêcha Donzelot pour en presser les apprêts. Je fus tenté de le renvoyer sur-le-champ, mais c'était un excellent homme, mon ami, je ne voulus pas lui faire supporter la mauvaise humeur qu'un autre me causait. Je lui remis le soin de l'expédition, et j'écrivis au général :

« Je vous l'ai marqué, je vous l'ai répété sou-
» vent, l'occupation de Cosseir est de la plus haute
» importance. Il faut fermer l'Égypte aux Mec-
» kains, ôter aux Anglais le moyen de vomir sur
» nos côtes les ramassis impurs qu'ils peuvent for-
» mer sur les bords de la mer Rouge, mais je pen-
» sais qu'il fallait être en état de s'y maintenir, qu'il
» fallait y conduire de l'artillerie, réparer le fort,
» établir une ambulance. Je n'imaginais pas que
» ces observations dussent vous paraître déplacées,
» que vous pussiez les prendre pour un aveu de la

» répugnance que vous me supposez. Si la nature
» ne m'a pas départi les talens militaires dont elle
» vous a gratifiés, si je ne suis pas tourmenté par
» cette soif de gloire, du moins j'ai l'honneur en
» partage, je sais comme un autre affronter les
» dangers, mépriser les obstacles, quand l'intérêt
» de mon pays l'exige. Si les circonstances étaient
» moins impérieuses, si je ne me croyais pas né-
» cessaire dans le cas dont il s'agit, et que je ne
» regardasse pas comme une lâcheté de quitter
» mon poste dans la situation où nous nous trou-
» vons, je vous aurais déjà envoyé ma démission;
» mais peu-être la tranquillité renaîtra-t-elle ? En
» attendant, je remets à Donzelot tout ce qui inté-
» resse l'expédition et le fort de Kéné. Il vous écrit
» au sujet des munitions. Quant à moi, je ne
» peux fournir que des vivres, des hommes, de
» l'argent et des matériaux. Je voudrais que tout
» fût arrivé, nous partirions dans trois jours. »

Sa mauvaise humeur était passée, il savait bien que le retard ne venait que de lui, qui n'expédiait pas les objets nécessaires demandés. Il en pressa l'envoi et me répondit :

« Vous avez cru, mon général, que je vous ac-

» cusais de manque de zèle, vous ne m'avez pas
» entendu. J'en ai eu de la peine. J'ai toujours
» mis une grande différence dans ma manière de
» correspondre avec mes officiers. Quand j'écris
» à ceux que j'estime et que j'aime, je dis tout,
» je ne dissimule rien ; avec les autres, je suis
» plus réservé, je me borne à ce qui est indispen-
» sable.

» Vous êtes un des premiers, je me suis mis à
» l'aise. J'ai cru qu'un voyage dans le désert vous
» convenait peu, qu'il était dangereux pour vous,
» vos yeux sont toujours malades, vous en souf-
» frez depuis un mois, j'ai pensé que vous deviez
» les ménager. D'après cela, je vous ai demandé
» si l'expédition était compatible avec votre état,
» si vous vous sentiez la force de l'entreprendre ;
» je vous ai marqué que si vous ne le pouviez pas,
» ma santé me permettait de le faire, que je m'en
» chargerais, rien n'est plus naturel. Si vous m'a-
» viez répondu : l'entreprise est au-dessus de mes
» forces dans la situation où je me trouve, j'au-
» rais été charmé de cette marque de confiance.
» Si vous m'aviez annoncé que vous pouviez mar-
» cher, j'aurais applaudi à votre dévouement,

» tout était dit, il n'en était plus question. Soyez
» bien convaincu, mon général, que je serais
» peiné de dire et de faire la moindre chose qui
» vous affligeât. Soyez persuadé que personne au
» monde ne vous est plus dévoué que moi; ne
» soyez plus fâché, vivons en paix, point de
» guerre. Nous sommes faits pour vivre en bonne
» intelligence et amitié. »

DESAIX.

Le général éludait, mais sa lettre était obligeante. Nous oubliâmes, lui ses torts, moi ses reproches, il n'en fut plus question.

Nous étions au 15 mai, c'était la fête de la mosquée. Cent mille pèlerins honoraient la Caaba, baisaient la terre. Je me joignis aux dévots, je mis la troupe sous les armes, je lui fis faire des feux, des évolutions, j'édifiai tout Kené. Ma piété, mes largesses, l'eau sacrée que j'avais bu avaient touché les fidèles. J'étais un juste, un saint, presqu'un musulman. La bonne chère ne déplait pas aux âmes religieuses. C'est le complément des cérémonies dévotes. Je réunis les Cheics, les notables du lieu! Nous célébrions une solennité musulmane, tout fut disposé à la turque. Le sol nous servait de siége, les doigts nous tenaient lieu de fourchettes, on dépeça, on puisa à pleines mains, nous en usâmes en vrais croyans.

Cependant, le convoi était arrivé; les membres de l'Institut nous avaient joints, tout était prêt, nous nous mîmes en route. J'emmenais trois cent cinquante hommes, une pièce de huit et plus de sept cents chameaux. Je me dirigeai sur Rio Elbar, je gagnai le désert, j'atteignis la Kuita que les retraites des Beys avaient rendue si fameuse. C'est un valon considérable que rafraîchissent trois fontaines placées à d'assez longues distances entre elles; elles sont revêtues, abondantes, adossées à des abreuvoirs pour les bêtes de somme. L'eau qu'elles fournissent est un peu saumâtre, mais on en trouve à une petite portée de canon au sud, qui est tout-à-fait fraîche. La pierre n'est pas rare. Un petit établissement eût été peu dispendieux à construire, et nous eût rendu maîtres de la station. C'est le nœud des routes qui coupent le désert et aboutissent en Égypte. L'une mène à Ayasi, Caphton ou Bir El Bar, l'autre traverse la montagne, conduit à une fontaine à Achmen, à Pirgé.

La troisième franchit la même chaîne, descend à Rhedisi, mais n'a pas d'eau. C'est celle qu'Osman avait suivie après sa défaite. Trois se rendent à Cosseir. La meilleure et la plus courte est celle que nous parcourions et que prennent toujours les caravanes. On en compte une septième qui incline au sud et va joindre la mer à dix journées plus loin. C'est peut-être celle que les Romains avaient ouverte de Beromu à Caphton. Quoi qu'il en soit, un petit fort eût servi d'asile aux caravannes, elles y eussent trouvé de quoi braver la soif et les Arabes. Elles fussent devenues moins inquiètes, le commerce eût été plus sûr, nous y eussions gagné sous tous les rapports. A mesure que nous avancions, le pays devenait plus agreste, les montagnes plus rapprochées et les sources plus fréquentes; il y en avait de bonnes, de mauvaises, de sulfureuses, elles sourdaient partout, il suffisait de défoncer légèrement la terre pour les voir jaillir. Quelques journées de manœuvres, de modiques réparations eussent rendu le trajet commode et fourni au voyageur de quoi se désaltérer; mais il faut conquérir avant de réparer. Je continuai ma route, j'arrivai à Cosseir. C'est un mauvais village serré par les sables et la mer, qui n'a ni arbres, ni verdure, qui est dénué de ressources. Le port, qui ne peut recevoir que de légères embarcations, était commandé par une façon de château où je m'établis. Les murs en étaient dégradés, les parapets détruits, tout était à reprendre sous œuvre. Mais le mouillage était important, il intéressait la tranquillité de l'Égypte, le commerce de l'Inde ; nous mîmes la main à l'œuvre. Pendant que j'étais occupé à réunir des matériaux, à les assembler, des Arabes qui avaient été à Benouth s'imaginèrent que j'allais sévir, et se retirèrent au milieu des sables. Quelques-uns tombèrent dans nos postes et me furent amenés. Ils m'avouèrent leurs inquiétudes, celles de quelques-uns de leurs compatriotes qui arrivaient à Djeoda, et tremblaient pour eux, pour les marchandises qu'ils avaient apportées. Je les calmai, les renvoyai, et fis chercher les négocians cachés dans les villages. Ils s'attendaient à voir confisquer leur cargaison, je les accueillis ; ils étaient étonnés, confondus ; ils ne revenaient pas de leur surprise, ils se remirent cependant, me témoignèrent leur reconnaissance, l'admiration que leur inspiraient nos victoires, et surtout le sultan Kléber. Ils voulaient le voir, se proposaient d'aller au Caire, me suppliaient instamment de leur donner des lettres pour arriver jusqu'à lui. Le voyage était avantageux, ils eussent pris une plus haute idée de nos forces, de nos arts, de notre humanité, mais l'impression qu'ils avaient reçue était toute fraîche, il était urgent d'ouvrir des relations commerciales, je remis à satisfaire leur impatience au premier voyage. J'envoyai porter l'enthousiasme dont ils étaient animés, parmi les négocians de l'Icmon, et j'adressai au Shérif la lettre qui suit :

« Je viens de m'emparer du fort de Cosseir et
» d'y établir une garnison capable de repousser
» toutes les attaques. Mon intention en cela est
» de faciliter le commerce de l'Inde, de protéger
» les communications que l'Égypte et l'Arabie ont
» ensemble, ainsi que les arrivages dont la Mecque
» a besoin.

» Tu le sais, Shérif, la République française est
» l'amie du sultan ; quelque part qu'elle rencon-
» tre les sujets de sa hautesse, elle les soutient,
» elle les défend. Si je n'avais occupé Cosseir,

» les Anglais s'y seraient établis. Ils auraient,
» dans le dessein de nous nuire, intercepté toutes
» relations entre les côtes de la mer Rouge, ils
» auraient empêché l'exportation des blés, pillé
» les vaisseaux, et nous aurions eu la douleur de
» voir les villes saintes réduites à la famine. »

ONZIÈME NOTE.

Nous étions toujours à attendre la flottille, dix-sept jours étaient déjà passés, les Mamelouks soulevaient les villages, le vent était bon, elle ne paraissait pas. Etait-elle arrêtée par la baisse des eaux ? avait-elle été attaquée, surprise ? Nous l'ignorions. Les courriers ne nous rapportaient rien, la cavalerie courut à la découverte. Aussitôt, les bruits les plus contradictoires viennent ajouter à nos inquiétudes. Mourad avait reçu des renforts, il marchait à nous, il s'embarquait, il était sur la rive gauche, sur la rive droite, il était partout. Nous eûmes enfin le mot de cette agitation. Le bey avait appelé les croyans à la défense de l'islamisme, les émissaires s'étaient répandus dans la Nubie, aux Cataractes, à Darfour. C'était une croisade, toute l'Arabie s'était armée, l'expédition partie de Suez n'avait pu s'emparer de Cosseir et fermer la Haute-Égypte. Elle avait été prévenue, nos bâtimens avaient été jetés à la côte, les équipages égorgés, et l'explosion du Tagliamento avait laissé la mer libre aux Meckains qui accouraient à nous. Ils avaient débarqué, le vieil Hassan s'était laissé fléchir; Mourad rallie toutes ses forces, la province s'insurge, nos flancs, nos derrières sont menacés, notre position devient critique. Davoust, surpris dans sa marche par ce mouvement inattendu, ne lui donne pas le temps de concerter ses coups. Il l'attaque, le bat, le disperse, inonde son aqui de sang. Quoique taillés en pièces, les Arabes ne se rebutent pas. Ils reprennent confiance, ils se réunissent. Un cachef leur persuade que c'est faute d'ensemble qu'ils ont été vaincus, que s'ils veulent le suivre, s'en remettre à son expérience, avant huit jours ils seront vengés. Davoust, prévenu, accourt à la tête de sa cavalerie. Son arrivée déconcerte le Mamelouk qui, cependant, ne perd pas courage. Il imagine de répandre que Mourad a détruit l'infanterie, que les troupes à cheval sont en déroute, qu'elles fuient, qu'elles échappent, qu'il faut les anéantir. Les paysans lui répondent par des acclamations, ils accourent, se hâtent, sortent en foule des villages, et nous attaquent de tous côtés. Le général fait faire un mouvement en avant. Les Arabes, qui s'imaginent qu'il se retire, serrent, pressent nos derrières et se précipitent tumultueusement sur nous. Tout-à-coup, les hussards font demi-tour, accablent cette multitude en désordre, la foulent aux pieds, et ne s'arrêtent que quand ils aperçoivent la flottille; elle était proche, nous oubliâmes le retard qu'elle nous avait causé pour ne songer qu'aux moyens de réparer le temps perdu. La nuit avait été pluvieuse, le tonnerre s'était fait entendre. Les habitans, pour qui ce phénomène est rare, en paraissaient consternés. Je les voyais plus soucieux dans leurs discussions qu'à l'ordinaire; je jugeais bien qu'ils dissertaient sur l'orage, je fus curieux de savoir quelles étaient leurs idées à cet égard. On m'amena l'homme le plus capable du lieu, sa physique était pieuse. Je lui demandai ce que c'était que le vent, ma question l'embarrassa ; ce que c'était que le tonnerre, les éclairs. Il me répondit sur-le-champ que les vents sont conduits par un ange. Quand ils sont indociles, celui-ci se fâche, crie, voilà le bruit ; il casse, brise tout ce qu'il rencontre, le choc dégagé de la lumière, voilà les éclairs. Et la pluie ? Il resta court. L'ange ne respecte pas probablement plus les vases pleins que les vases vides. Il saisit ma plaisanterie avec la sagacité d'un Arabe. Oui, me dit-il, il y en a qui contiennent de l'eau, il les renverse, c'est la pluie.

Les contributions ne rentraient pas ; nous étions en présence. Les paysans ignoraient à qui, des Mamelouks ou de nous, demeurerait la victoire. Ils voulaient attendre qu'elle fût décidée. Il doit y avoir bataille, nous disaient-ils ingénûment, nous ne voulons pas payer deux fois. Laissez la fortune se prononcer, nous solderons dans les mains du plus fort. Le calcul assez juste n'allait pas à nos affaires, Clément se chargea de le discuter. Il s'avança sur Bardes, battit, dissipa la multitude, obtint quelques fonds, mais fut obligé d'incendier un village. Ce parti était extrême, il aliénait, exaspérait la population, imprimait à nos mouvemens un caractère de violence peu propre à isoler l'ennemi que nous avions à combattre. La perception fut ajournée. Mais Clément avait découvert des ruines, des hiéroglifes, des colonnes. Ce pouvait être des débris du temple qu'Osiris avait à Abidos, nous y arrivâmes. Desaix s'extasiait sur les décombres. J'admirais la végétation, elle était belle, le bassin cultivé, populeux. C'était des canaux, des villages ; il y en avait à droite, à gauche, plus loin que la vue ne pouvait découvrir. Nous suivîmes le rampant de montagne. Les deux chaînes s'abaissent, se joignent devant Bardes et courent à quelque distance du Nil. Nous trouvâmes encore quelques hameaux, mais pauvres, mal tenus. Ils ne présentaient ni culture, ni souvenirs. Nous rentrâmes à Girgé, d'autant plus impatiens de voir arriver la flottille que nous savions qu'elle n'était pas éloignée.

En attendant, nous nous réunissions chez le général, chacun y proposait ses plans, ses vues, ses idées. La paix, la guerre, les institutions, l'origine des peuples faisaient tour à tour le sujet de la conversation. On y discutait, de préférence, ce qui intéressait l'Egypte. C'était le moins, nous étions au milieu de ses ruines. Je me rappelle qu'un jour, il était question de la Colonie qui l'avait peuplée. Le chef de bataillon Morand, devenu depuis l'un des généraux de la garde, soutenait qu'elle était originaire de l'Inde, qu'elle en avait apporté les arts qui l'ont rendu si célèbre. Cette opinion me paraissait toute gratuite. Je lui observai qu'aucun monument, aucune histoire, ne parlent d'émigrations d'Indiens, que ces peuples sages, satisfaits des productions indigènes, n'allaient pas chercher ailleurs un bonheur qu'ils trouvaient chez eux. Une foule de conquérans, Sésostris entre autres, sont allés troubler leur repos. L'Asie, l'Arabie surtout, sont couvertes de débris d'origine égyptienne qui attestent le passage de ces armées. Le général, à son tour, prétendait que c'était une colonie éthiopienne, et M. Denon était de son avis. L'un et l'autre pensaient qu'elle desséca d'abord les marais de Sienne, qu'elle s'étendit à Thèbes, à Memphis, d'où elle porta ensuite son commerce jusques sur le Gange. Au reste, il est plus important d'arracher ce peuple à la barbarie que de savoir qui l'a transplanté sur le sol que que foulent les Musulmans. Nous marchons.

La flottille était arrivée, nous avions des munitions, des chaussures, nous poussâmes en avant. Nous ne trouvions personne dans les villages, les hommes, les animaux avaient disparu, Mourad avait tout rallié. Nous l'aperçûmes bientôt lui-même à la tête d'une multitude immense de Meckains, de Nubiens, qui tous juraient par le prophète, que ce jour serait le dernier des Français. Ils accourent, les hussards s'avancent, nous suivons, la fusillade commence, Samanhout est emporté. Les Beys se présentent avec les masses. Mais nos carrés étaient formés, Friant tenait la droite, j'occupais la gauche, Davoust était au centre. Nous les laissâmes se déployer. Les drapeaux flottaient, les tambourins se faisaient entendre, c'étaient des cris confus d'espérance et de mort. Tout-à-coup, la charge bat, les Mamelouks s'ébranlent. Une colonne, armée de sabres, de poignards, de pistolets, de fusils à mêche, se jette dans un ravin qui me séparait du village et ouvre un feu meurtrier. Clément marche à elle, elle est coupée, elle résiste. Rapp n'y peut tenir, il la joint avec ses hussards, la mêlée devient terrible. Les têtes sont détachées, volent, pleuvent sur nos soldats. Les Chérifs néanmoins mordent la poussière, notre gauche est dégagée. Cette troupe se remet bientôt, se rallie. Elle revient à la charge, attaque, presse le village; mais la 21ᵉ la reçoit à la baïonnette. Les Mamelouks ne les soutiennent pas, ils balancent, ils hésitent; l'artillerie les couvre de mitraille, Davoust s'ébranle, tout fuit, tout se disperse. C'est une ombre, c'est un nuage qui se perd à l'horison. Nous continuâmes le mouvement, nous traversâmes le désert Damechou-Abonkeras, nous arrivâmes à Farchoub. Cette malheureuse ville venait d'être livrée au pillage. Son Cheik n'avait pas assez caché l'affection qu'il nous portait, il avait répandu des proclamations, préparé des vivres, cette imprudence l'avait perdu, la place même avait failli être réduite en cendres.

Des rapports annonçaient que les Mamelouks avaient fait halte, qu'ils se ralliaient à How. Desaix se flattait de pouvoir les surprendre, je ne le pensais point. Ils avaient encore toute la défiance de la défaite, ils se gardaient avec soin, ils avaient des postes, des espions partout, aucun de nos mouvemens ne leur échappait. Néanmoins le succès pouvait couronner la tentative. La nuit était douce, la lune nous éclairait, nous nous mîmes en marche; mais la route était coupée, difficile, le trajet fut long, nous n'arrivâmes que bien après la pointe du jour. Du reste, nous savions déjà qu'il nous importait peu d'être rendus plus tôt, nous avions été induits en erreur. Les Beys ne s'étaient pas même arrêtés, où nous supposions qu'ils formaient leurs cadres. Le pays était boisé, populeux. Nous nous répandîmes dans les villages, nous y surprîmes des Meckaïns. Quelques-uns s'étaient réfugiés dans une maison, nos soldats s'y présentent. Un vieillard les repousse, défend la porte avec obstination. Ni son sang, ni les blessures ne l'ébranlent. Il se cramponne à la baïonnette qui le perce, il brave, il défie les coups, et ne cède qu'en rendant le dernier soupir. Cette scène de fureur nous avait causé une impression pénible, nous cherchions si c'était le fanatisme religieux, ou celui de l'hospitalité qui avait aveuglé ce malheureux Arabe, lorsque nous vîmes une multitude arriver à nous, bannières déployées. C'étaient les habitans du voisinage qui venaient faire leur soumission.

Ils nous donnent des renseignemens utiles. Les Mamelouks étaient abattus, ils avaient perdu courage, ils renonçaient à tenter la fortune. Les Meckains eux-mêmes étaient rebutés, ils avaient abandonné Mourad, s'étaient retirés sur la rive droite, et ne songeaient plus qu'à regagner la mer. La troupe avait repris haleine, les vivres étaient rafraîchis, nous marchâmes sur Medème. Deux routes y conduisaient; celle du Nil et celle du désert. La première est longue, tortueuse, elle appuie à l'est, revient, forme un demi-cercle, exige quatre jours pour un trajet qu'on fait en quinze heures par la seconde. Malheureusement nous n'avions ni chameaux, ni outres. Nous ne pouvions la parcourir sans eau, nous fûmes obligés de remonter le fleuve. Ses bords étaient incultes; mais nous avions en vue les montagnes de la Lybie, nous découvrions les ruines de Tentira, nous étions au milieu des décombres, les pierres, les briques, les débris nous retraçaient un autre âge, nous accablaient de souvenirs. Cette place maintenant si sauvage, avait brillé de la splendeur des arts. Ici était un palais, là un monument, plus loin une statue, un obélisque; des hommes, des savans, des héros avaient animé cette solitude, foulé cette terre de désolation. Ils avaient passé, nous chassions les Mamelouks.

Nous arrivâmes à Kéné, nous apprîmes que les Beys étaient à Armen. La cavalerie continua, nous aperçûmes Thèbes. J'eusse voulu jeter un coup-d'œil sur ces ruines, mais nous espérions surprendre Mourad, nous marchions, nous n'arrêtions pas. J'entrevis le lieu où le savoir, la gloire, le génie s'étaient vainement agités pour échapper à la nuit du temps. Nous poursuivions la même chimère, nous étions venus du fond de l'Occident, nous avions rempli le monde du bruit de nos victoires, et dans quelques milliers d'années peut-être, il ne serait pas plus question de nous, que si l'Europe, l'Asie, l'Afrique n'eussent tremblé à la vue de nos drapeaux, nous nous éteindrions comme ceux dont nous foulions la cendre.

Nous atteignîmes Asman. Les Mamelouks n'y étaient plus, ils avaient traversé avec la rapidité d'une troupe arabe, cette plaine agreste, où le voluptueux Thébain venait autrefois goûter le repos et la fraîcheur. Ils poussaient, ils précipitaient leur fuite, ils s'échappaient à toutes jambes, ils gagnaient les cataractes, mais ils étaient malheureux, ils étaient battus. L'infortune engendre la discorde, ils ne s'entendaient plus, ils étaient accablés de faim, de lassitude, la désertion se mit dans leurs rangs. Bientôt la route se couvrit de transfuges. C'étaient des Grecs, des Circassiens, des Polonais, il y en avait de toutes les nations. Les premiers qui nous vinrent, confirmèrent ce que les habitans nous avaient dit, que les Mamelouks étaient sans vivres, sans ressources, que tous déserteraient s'ils ne craignaient que nous les dépouilliassions. Mais on leur faisait croire que nous mettions à mort ceux qui tombaient dans nos mains, la frayeur les retenait sous leurs drapeaux. Mustapha fut moins timide et se rallia à nos avant-postes. C'était un ancien officier de l'empereur Joseph. Fait prisonnier sur les bords du Danube, il était arrivé de bagne en bagne jusqu'en Égypte, où il était entré au service de Mourad. Il était devenu maître de ses écuries, il avait partagé sa bonne et sa mauvaise fortune, l'avait accompagné dans toutes ses expéditions; mais sa puissance était à jamais détruite, il l'avait quitté. Il ne voulait pas néanmoins qu'on l'accusât d'avoir manqué de constance, il nous détailla les efforts, les mouvemens du Bey, nous dit qu'accablé de ses défaites, il avait assemblé les Mamelouks, leur avait avoué l'impuissance où il était de prolonger la guerre; qu'il les avait remercié du courage qu'ils avaient déployé devant un ennemi qu'on ne pouvait vaincre, qu'ils étaient libres, que l'Egypte ne lui appartenait pas, qu'elle était au grand Sultan, que c'était aux Pachas à la défendre, que pour lui il ne voulait qu'un coin de terre pour achever ses jours, qu'il en avait écrit au Sultan des Français. Cette assertion était fausse, Mourad fuyait, mais son courage était à l'épreuve de la fortune. Il mettait tous ses soins à prévenir la désertion, il observait les Mamelouks, il les gardait à vue pendant le jour et la nuit, il les mettait sous la surveillance des Beys. Des soldats fidèles, quelques Arabes étaient placés aux avenues du camp, personne n'en sortait sans l'autorisation du chef. Un grand nombre, cependant, parvenait encore à s'échapper. Nous avions presque atteint l'arrière-garde à Esné, elle avait été obligée de brûler ses équipages, il y avait eu de la confusion. Des Circassiens en avaient profité et s'étaient joints à nous. Ils nous assuraient que si nous redoublions de diligence, si nous ménagions des surprises, des alertes, Mourad serait bientôt abandonné. Il n'en fallait pas tant pour que nous n'arrêtassions ni jour, ni nuit. Desaix prit les devants avec la cavalerie, je le suivis, nous fûmes bientôt à Sienne. Mais les Mamelouks étaient déjà sur la rive opposée, ils descendaient le fleuve, ils allaient rallier les Meckains, insurger nos derrières. Le général, satisfait d'avoir atteint les limites où s'étaient arrêtés les légions romaines, courut les chercher. Friant se porta sur Kéné, Davoust sur Thèbes, Osman, le Shérif furent culbutés, rompus, obligés de prendre la fuite. L'un se retira dans le désert, l'autre plus opiniâtre essaya de nous surprendre, revint à la charge au milieu de la nuit, fut défait, se jeta dans un bois de palmiers où plus de trois cents des siens expirèrent sous la baïonnette.

Pendant que le reste de la division faisait une guerre de patrouilles sur nos derrières, je surveillais, je poussais Mourad. J'avais reconnu Philé, Eléphantine, les brisans du Fleuve. Je m'étais assuré qu'il n'y avait ni barre, ni chûte, que le mugissement des eaux était dû à un amas de rochers qui les rompt et les divise. Elles étaient hautes, je les remontais, je franchis le pas difficile et me trouvai vis-à-vis des Mamelouks. Ils ne m'attendaient pas, et la vue de ma colonne les déconcerta. Ils s'effrayent, ils fuient avec tant de précipitation, qu'ils nous laissent leur dîner et leurs équipages. Je voulais les suivre; mais le pays devenait affreux, j'étais à plusieurs marches des Cataractes, j'avais touché le Tropique, porté nos couleurs où jamais n'avait pénétré l'aigle romaine, nous avions assez fait pour la gloire, nous revînmes sur nos pas. Mais, afin de ne pas laisser aux Beys des ressources qui eussent prolongé la lutte, je fis détruire la chétive récolte que produisent ces vallées. Les flammes dévorèrent le fruit de tant de peines, un instant vit anéantir l'espoir du laboureur. Telle est la guerre!

J'étais de retour à Sienne. Il s'agissait de fermer le fleuve, de construire des fours, des radeaux, de prendre Philé, la chose n'était pas facile. Nous étions dénués d'outils, nous manquions d'ouvriers, le bois prenait l'eau, les naturels avaient amarré leurs barques; mais de quels obstacles ne triomphent pas nos soldats? L'un maçonne, l'autre charpente, la main sert de truelle, le sabre de doloir, les ouvrages se dessinent, un four s'élève, nous avons des pétrins, des pelles, il ne nous manque plus que de la farine; nos tardives embarcations nous en apportent; nous l'allongeons avec du dourah, nous avons du pain et des lentilles, il ne nous reste qu'à punir les railleries des habitans de Philé. Nous réunîmes les débris d'une vieille chaloupe, nous assemblâmes quelques tronçons de sapin vermoulu, et, montés sur le frêle esquif, nous allâmes aborder les braves en qui nous devions trouver plus de constance que n'en avaient montré les Mamelouks. Les femmes chantaient la bataille, la mousqueterie était roulante, mais il n'en fallut pas moins abandonner dattes et troupeaux. Nos provisions se trouvèrent rafraîchies, nous eûmes de la viande pour huit jours.

Mourad, confiné dans l'affreux pays des Bribes, en avait bientôt épuisé toutes les ressources. Les fourrages étaient consommés, les troupeaux n'existaient plus. Les hommes, les chevaux étaient également en proie aux horreurs de la famine, ils ne savaient que devenir. Une dépêche de Mohammed-Elfy lui rendit l'espérance. Ce bey, dont le courage et les expédiens n'étaient jamais à bout, venait d'insurger Siout. Réfugié dans un des Oasis après la déroute de Samanhout, il en était sorti dès qu'il avait vu la province dégarnie. La population s'était soulevée, les Fellahs avaient pris les armes, les Arabes étaient accourus, le rassemblement était immense. Il invitait Mourad à en venir prendre le commandement. Le bey rappela aussitôt les Mamelouks qu'il avait disséminés de Damiette à Elcalabili. Mes espions me rapportaient qu'il faisait de l'eau, de l'herbe ; qu'il se disposait à gagner par le désert les provinces inférieures. J'ignorais ce qui se passait sur nos derrières, je n'imaginais pas qu'il pût avoir un projet de cette espèce : mais quand je n'en aurais pas douté, je n'étais pas à même d'y mettre obstacle, je ne pouvais, avec le peu de forces dont je disposais, garder tous les défilés du désert. Mais Desaix l'avait prévenu, arrivé à Kous depuis deux jours, ce général ne s'était pas mépris sur le but que se proposait Mourad. Il avait marché sur Souhama, dispersé, taillé cette multitude en pièces, forcé l'Elfi à regagner précipitamment Achemir. Le bey déçu, chassé lui-même, fut trop heureux d'échapper. Il s'enfuit sur l'Elouah à la tête de cent cinquante hommes, le reste s'éparpilla dans le désert, fut refoulé sur Siout, pris ou tué.

Cette défaite abattit Mourad, il fit de nouvelles ouvertures, il écrivit à Malem Jacob, à Rosetti; la plupart des chefs avaient entamé des négociations particulières, il ne voulait pas se laisser prévenir. Ses Mamelouks affluaient à nos avant-postes, ils désertaient, ils se rendaient, ils nous venaient par troupes; d'une autre part, le désert masquait les mouvemens, couvrait les desseins des beys. On les disait au-dessus de Reseca, à How, à Elder, on ne savait au juste où ils étaient, ce qu'ils projetaient. Dans cette incertitude, je m'établis à Esné, dont l'accueil me sembla trop bienveillant pour n'être pas suspect. Cette ville, qui avait longtemps dépendu d'Assan, ne lui reprochait ni cruautés ni avanies; elle avait été administrée avec une justice, une modération rares dans un Mamelouk, elle devait lui être dévouée, son empressement me parut un piége. J'avais tort, sa réception était sincère. Je m'en convainquis plus tard.

J'étais sans nouvelle du général, j'allais, je venais, je patrouillais, je recueillais les bruits les plus contradictoires. Mourad demandait la paix, mais elle n'était pas conclue, ce pouvait être un piége, une ruse, un moyen de gagner du temps. L'insurrection se propageait sur nos derrières, les Meckains se reformaient, la population était inquiète. Je ne savais où je devais me porter, ce que je devais faire. Je poussai une reconnaissance sur Kené. Je n'étais pas en route que j'aperçus une façon de paysan qui se glissait le long du Nil et cherchait à éviter un parti d'Arabes. J'envoyai sur lui, il nous aperçut, accourut à nous. C'était un officier arrivé du Caire, que le général me dépêchait. Il me remit l'ordre de laisser quelques troupes dans la place, de suivre le mouvement, et me donna des détails sur la Basse-Égypte. On y était toujours sans nouvelles de la France. On ignorait si la Porte s'était effectivement alliée à la Russie, si elle marchait contre nous; mais les pachas s'étaient avancés par le désert, Abdalla occupait El Arich, Ibrahim était à Gaza. La campagne allait s'ouvrir. On n'avait qu'une notion confuse de la topographie de la Charkié. On savait seulement qu'en quelques endroits, à Cathich, par exemple, il y avait de l'eau, du bois, quelques habitations, mais on ignorait la distance précise de cette place à Salahich, à la partie navigable du lac Menzalé; on ignorait si les sources étaient assez abondantes pour fournir aux besoins de la troupe, à la consommation des ouvrages, si les palmiers formaient seulement quelques bouquets nécessaires à la subsistance des chameaux ou s'ils étaient assez nombreux pour suffire au chauffage, à la dépense, si enfin les habitations étaient des cabanes ou des constructions solides capables d'appuyer des retranchemens. On n'avait que des données vagues sur cette frontière. Le général l'avait fait reconnaître dans toute son étendue. Les accidens du terrain, les plans, les approvisionnemens, les marches, les convois, rien ne lui échappait; il surveillait tout, animait tout, suffisait à tout.

DOUZIÈME NOTE.

ORGANISATION DE KENI.

Nos reconnaissances se répandaient dans les dunes, fouillaient les gorges, chassaient, battaient les Mamelucks, qui ne pouvaient faire un mouvement sans perdre des hommes ou des chameaux. J'assemblais des dromadaires, j'avais fait de l'eau, tout était prêt, j'allais marcher à eux, lorsqu'ils apprirent mes dispositions. Aussitôt ils lèvent leurs tentes, se jettent sur la gauche, et courent rallier les Meckains, dont ce mouvement les séparait. Ils étaient sur le point de les joindre, ils touchaient aux avant-postes, un déserteur trahit leur marche, les hussards montent à cheval et les attaquent. L'infanterie était en arrière, l'artillerie n'arrivait pas, nous prîmes position. Mais les Beys étaient devant nous. Nos soldats bouillaient d'impatience, la charge sonne, on s'aborde, on se confond, on se bat avec fureur. Duplessis fond sur Assan, tombe, saisit le Bey et l'étouffe; mais une balle le perce, le désordre se met dans nos rangs, les dragons sont obligés d'accourir. On se reforme, l'action devient générale, la mêlée terrible. Les Mamelucks sont enfoncés, ils s'échappent. Davoust les suit à la tête d'une colonne mobile, et ne leur laisse pas reprendre haleine. Chassés dans toutes les directions, ils reviennent à la Kuita, s'y reposent, font de l'eau et se dirigent sur Sienne. Ils franchissent les sables, ils se pressent, ils se hâtent, ils n'arrêtent pas qu'ils ne soient à Rhedisy. Nous devions l'occuper. J'en avais donné l'ordre. Mais on n'avait pu passer le fleuve; ils échappèrent. Ils avaient abandonné leurs transports, perdu leurs équipages. Ils avaient tout souffert, tout enduré;

ils étaient exténués de privations et de fatigues. Les paysans, témoins de tant d'humiliations, jugeaient leur cause à jamais perdue, ils venaient à nous, apportaient des comestibles, du bois, de la paille, tout ce qui était nécessaire à la troupe. Nous étions désormais les maîtres de l'Egypte. Les Beys avaient fui, nous recueillions leur héritage, l'opinion était pour nous. Elle le fut bien davantage quand le désastre des Meckains fut connu. Refoulés sur la Basse-Egypte, pendant que les Mamelouks gagnaient Sienne, ils étaient descendus jusqu'à Girgé, mais nous étions maîtres des défilés qu'ils avaient à franchir; nous les suivions avec des pièces, ils étaient pris en tête et en queue, ils se jetèrent sur la rive gauche; Morand courut à eux. Il n'avait que quelques troupes à pied. La population était encore en révolte, elle s'enhardit, elle s'échauffa. L'occasion était belle. Elle crut pouvoir prendre sa revanche, elle fondit sur nous. Elle fut reçue à bout portant, désorganisée, rompue, elle se retira. Mais les villages accoururent, les Arabes se joignaient à eux, la multitude allait toujours croissant. Elle revint à la charge, fut culbutée, mise dans un désordre affreux. Morand, trop faible pour la poursuivre, se retire pour couvrir la place. Il n'en fallait pas tant pour rendre confiance à une population inquiète et si audacieuse. Elle s'imagina que nous fuyions, qu'elle était victorieuse, qu'il lui suffirait de paraître pour emporter Girgé. Elle réussit en effet à nous forcer; mais tandis qu'elle s'amuse au pillage, nos troupes fondent sur le Shérif, culbutent, taillent en pièces les Meckains; à peine s'il s'en échappe une centaine qui vont se réfugier dans le désert.

Ces fanatiques n'étaient plus, les Beys étaient dispersés, il n'y avait plus de noyau, il n'y avait plus de corps, je jugeai inutile de passer plus avant, je revins à Esné. Je restituai aux habitans divers héritages dont les Mamelouks les avaient dépouillés. Cet acte de justice faisait contraste, ils le saisirent et m'en témoignèrent leur reconnaissance; mais lorsqu'ils apprirent que j'avais réparti l'impôt, que les villages dont les blés avaient été foulés ou consommés soit par nous, soit par les Mamelouks, étaient affranchis de toute rétribution, ils se récriaient sur une équité, une modération si peu attendues; ils juraient de nous être toujours fidèles. Je fis quelques tournées dans la province de Thèbes, dont le général m'avait confié le commandement, je réunis les Cheiks, je les engageai à ouvrir des canaux, à réparer ceux qui existaient déjà, à étendre leurs cultures. Ces soins leur paraissaient inouis, ils ne concevaient pas ma sollicitude, ils me demandaient, d'un air inquiet, si véritablement je leur permettais d'ensemencer de nouvelles terres. La jalousie des Beys avait constamment limité leur industrie, ils croyaient l'autorité essentiellement farouche. Je dissipai leurs craintes, je calmai leurs inquiétudes; je leur fis comprendre que nos lois garantissaient à chacun le fruit de son travail, qu'ils conserveraient leurs maisons, qu'ils jouiraient de leurs récoltes, que nous ne souffririons pas qu'aucun parasite s'engraissât des sueurs du peuple. Cette perspective était entraînante, on l'accueillit, on se mit à l'ouvrage; les moyens d'irrigations s'accrurent. Je distribuai des semences, je répandis des instructions. Tout prit une face nouvelle. Les récoltes furent bientôt doublées, des agens allaient éveiller au loin l'émulation que nous ne pouvions y porter nous-mêmes. Ils stimulaient la paresse, conseillaient l'industrie; ils observaient, recueillaient, indiquaient ce qu'ils jugeaient utile. Ce n'est pas que quelquefois ils n'imaginassent des mesures assez plaisantes. L'un d'entre eux, chargé de la vente des biens qu'avaient possédés les Mamelouks, fut sur le point de mettre aux criées l'Egypte entière : pour un Chevalier de Malte, son raisonnement n'était pas mauvais.

« Nous héritions, disait-il, des droits des Beys,
» les Beys avaient recueilli ceux du Sultan, ce Sul-
» tan ceux des Grecs, les Grecs ceux des Romains,
» des Lagydes, de Pharaon. Celui-ci avait inféodé
» l'Egypte, il avait nourri ses sujets pendant une
» famine cruelle; il avait donné son blé, reçu leurs
» terres, il possédait tout, avait tout acquis, donc
» les Lagydes, les Osmanlis, les Beys ont succes-
» sivement été les seuls vrais propriétaires du sol.
» La victoire nous a transmis leurs droits, l'héri-
» tage de Chéops. » Ces inductions étaient curieuses, nous en rîmes, et nous priâmes le bon Lapanouze d'être moins rigoureux dans la recherche des titres de succession.

La guerre me donnait quelque relâche, j'en profitai pour organiser les villages; ils avaient été jusques-là livrés à l'anarchie, à tous les excès. Ils se pillaient, combattaient, poursuivaient le rachat du sang, ils étaient sans cesse à guerroyer. Je mis fin à ces rixes cruelles, je punis les insultes, je réprimai la dévastation, je soumis cette population inquiète à une police sévère, elle n'osa plus bouger. Le vol était passé en habitude, les assassinats étaient fréquens. Nous n'avions pu jusque-là y porter remède, nos opérations étaient si rapides et le peuple si peu disposé à la destruction d'un abus qui était dans ses mœurs; le coupable passait d'un village dans un autre, nous suivions notre mouvement. L'impunité était acquise et le mal croissait toujours; j'essayai de le couper à sa racine, je fis circuler des patrouilles, j'établis une surveillance active, j'intéressai, je menaçai les Cheiks, je les obligeai, si ce n'est à arrêter, du moins à éloigner les gens sans aveu. Les malfaiteurs, privés d'asiles, devinrent plus réservés, et les meurtres plus rares. Restaient les Arabes qui pillant, dévastant, fuyant, faisaient indifféremment la paix ou la guerre, suivant le temps et les occasions. Sans cesse aux aguets, ils saisissaient le moment favorable, disposaient des récoltes, s'emparaient des troupeaux, et pouvaient détruire en un quart d'heure le fruit de tous nos soins. Je ne savais quel parti prendre, les tribus voulaient faire la guerre, elles me demandaient à marcher les unes contre les autres. Je goûtais fort peu toutes ces batailles; j'eusse mieux aimé voir cette population paisible et prête à échanger les privations du désert pour l'abondance de la chaumière. Cependant je ne voulais pas de prime-abord rejeter leurs offres. Je les communiquai au Général. Sa manière de penser était conforme à la mienne, il me répondit :

« Vous avez bien fait, général, de ne pas ac-
» cepter les propositions de vos tribus. Je sais que
» la politique des Mamelouks était de les mettre
» aux prises les uns avec les autres, de les affaiblir
» par leurs divisions; mais ce moyen ne convient
» ni à nos mœurs, ni au but que nous nous propo-
» sons. Nous voulons régénérer l'Égypte, com-
» mençons par la pacifier. Sans doute, la chose
» n'est pas facile, les Arabes ne sont pas disposés
» au repos. Que faire, cependant? les détruire? Ce
» moyen serait barbare, il ne reste qu'à les civili-
» ser. Je conviens de toutes les difficultés de l'en-
» treprise, mais elle est obligée. Nous ne pouvons
» pas reproduire les saturnales du nouveau Monde;

» nous pouvons encore moins nous rendre com-
» plices des atrocités de la Sibérie. Puisque nous
» sommes dans l'heureuse nécessité de bien faire,
» étouffons tous les germes de discorde, distri-
» buons des terres, encourageons les cultures,
» que la tranquillité, l'abondance attirent les tri-
» bus. J'ai remarqué qu'en effet toutes les guer-
» res que suscitaient les Beys étaient des pauvres
» aux riches. Les premiers, qui manquaient de
» moyens d'existence, qui avaient peu de choses
» à perdre, attaquaient les seconds. Ceux-ci se
» défendaient; on succombait, on revenait, on
» bataillait uniquement pour avoir de quoi sup-
» porter la vie. Ainsi, la répartition de tant de
» terres vagues calmera le désert, arrachera une
» foule de malheureux à la vie nomade, les fixera,
» les attachera au sol. Continuez donc vos obser-
» vations, faites-moi passer les renseignemens que
» vous avez assemblés sur la qualité des terrains,
» les produits dont ils sont susceptibles, les res-
» sources que présentent les vallées. Nous avise-
» rons ensuite aux bases qu'il convient d'adopter
» pour le moment. Le Cheik, général de tous les
» Arabes-abad, est le jeune Abdalla Sala, qui ha-

» bite Sienne. Son père a été tué, il y a quelques
» années, dans une de ces guerres de village. C'est
» son oncle Adji-Mohamet qui gouverne en qua-
» lité de régent. C'est lui qui conduit tout. Tâ-
» chez de le voir, et traitez-le le mieux que vous
» pourrez. Dites-lui qu'on ménage sa maison de
» Sienne, que s'il se conduit bien, je lui ferai ren-
» dre ses propriétés. Si ces promesses ne produi-
» saient pas l'effet que j'en attends, vous lui décla-
» rerez que la guerre qu'il fait aux Attimis me fa-
» tigue, que je veux qu'elle cesse, que j'expulserai
» de l'Égypte celle des tribus qui la prolongera.
» Les Cheiks de la dernière sont du côté de Be-
» nisouef, je vais les faire venir. Quand nous au-
» rons cimenté entre eux une paix solide et dura-
» ble, je m'entendrai avec le général en chef, nous
» leur donnerons des propriétés, nous les éloigne-
» rons de ceux qu'ils fréquentent. La route de
» Cosseir deviendra sûre, nous n'aurons plus qu'à
» la rendre agréable et moins dispendieuse pour
» le commerce, les escortes vont devenir inutiles,
» c'est déjà un tribut de moins. Voilà, général,
» mon opinion sur ce qu'il convient de faire, voyez
» si mes idées sont praticables. Si elles ne le sont

» pas, cherchez, adoptez-en d'autres, mais ache-
» vez notre ouvrage, ne laissez pas respirer les
» brigands. Dans ce maudit pays, les vols, les as-
» sassinats ne se punissaient jamais, ils se rache-
» taient. Le temps d'indulgence est passé, il faut
» qu'on en soit convaincu. Cet objet étant de la
» plus haute importance, je vous le recommande-
» rai souvent et longtemps, parce qu'il y va de
» notre gloire. Les habitans veulent-ils parler
» d'une époque fameuse? Ils citent le règne d'Aly-
» Bey et celui du cheik Amman, qui avaient tant
» de puissance, qu'on allait d'un bout de l'Égypte
» à l'autre sans crainte et sans danger; qu'ils en
» disent autant de nous! Je ne conçois rien de
» plus flatteur pour un commandant de province
» que d'entendre louer sa justice. Surveillez les
» avanies, contentez, punissez les Cophtes. A
» l'aide de ces sages mesures, nous nous trouve-
» rons, non plus sur les bords du Nil, mais sur
» ceux de la Seine. Je vous salue et vous aime
» bien. »

DESAIX.

TREIZIÈME NOTE.

L'impulsion était donnée, la trame était ourdie, les Cheiks même avaient cédé à la séduction. Elle était si entière qu'ils avaient mandé à Ibrahim qu'il pouvait revenir en toute sûreté, qu'il trouverait le Caire vide d'infidèles, qu'aucun Français ne blesserait ses yeux. Le Bey ne donna pas dans ces belles espérances, il crut que c'était un piége et retint les Arabes. Les hommes de la loi furent moins timides ; ils suscitèrent une façon d'émeute au sujet de je ne sais quelle mesure de police; la populace accourut, pilla, s'attroupa. Elle se laissa persuader qu'elle était capable d'anéantir les Français. Cependant, elle se contenait à la vue des patrouilles; mais l'insurrection était générale. Le signal partait de tous les minarets. Les nuages de poussière se montraient dans les directions les plus opposées. Elle s'échauffa, massacra Dupuis. Dès-lors, ce ne fut plus que tumulte et confusion. Elle se répandit dans les rues, assaillit les hôpitaux, les quartiers, fit main-basse sur tous les Français qui étaient épars dans la place. J'étais alors à Giseh. Je faisais construire quelques ouvrages. Le général en chef était venu les visiter. Il y avait déjà quelque temps qu'il n'avait de nouvelles de la Haute-Egypte, il était inquiet. « Je ne sais, me dit-il, ce que fait Desaix, s'il lui est arrivé quelque malheur, s'il ne peut joindre les Beys. On m'assure pourtant qu'il y a à Abougirgé un canal qui conduit à Benessé, j'espère qu'il aura trouvé le moyen de se porter directement à cette position et d'y attendre Mourad. C'est le parti qui me paraît le plus simple; s'il n'est pas exécutable, il remontera jusqu'à Malaoni pour descendre par le canal Joseph. Il sait, qu'en général, je n'aime pas les attaques combinées. Je le lui ai écrit, qu'il arrive devant Mourad par où il pourra, et avec toutes ses forces ; là, sur-le-champ de bataille, qu'il fasse ses dispositions pour lui faire le plus de mal possible. Mais peut-être traite-t-il avec les Beys ; j'imagine que les Mamelouks savent maintenant à quoi s'en tenir au sujet du prophète et des Anglais. » Il n'avait pas achevé, que nous vîmes venir à nous une ordonnance qui arrivait à franc étrier. C'était... que Junot avait dépêché. Il nous apprit l'insurrection du Caire ; le général lui fit quelques questions et lança son cheval dans la plaine. Nous le suivîmes. Nous entendions le canon d'alarme. La fusillade était roulante, les Arabes accouraient : il n'y avait pas à s'y méprendre. C'était une manœuvre à l'anglaise. Tous les passages étaient déjà interceptés. Nous fûmes obligés de faire un détour. Nous arrivâmes néanmoins. Des pièces furent mises en batterie à l'entrée des principales rues ; la nuit se passa sous les armes. Le nombre des révoltés allait toujours croissant. Ils occupaient la mosquée d'Elhazar, ils étaient retranchés, ils recueillaient tout ce que la ville et la campagne avaient de plus déterminé. On prit des mesures pour arrêter ce concours ; on cerna le foyer de l'insurrection, on battit la campagne, on dissipa quelques milliers de paysans. Le projet était déjoué. La ruine du Caire allait faire dans l'Orient une sensation pénible. Le général fit offrir à diverses reprises une amnistie aux insurgés. Ils la prirent pour un aveu de l'effroi qu'ils nous inspiraient, ils la refusèrent. Le général Dommartin eut ordre d'ouvrir le feu, il démasqua les batteries qu'il avait élevées sur des revers du Moquatar, il les accabla de projectiles. Les barricades furent aussitôt levées, le quartier évacué et la tranquillité rétablie. Malheureusement, Dupuis avait succombé ; Sulkowski n'existait plus. L'un s'était couvert de gloire en Italie, les blessures que l'autre avait reçues à Salahieh, étaient encore ouvertes. C'étaient deux officiers d'un courage à toute épreuve.

On saisit un grand nombre de Mamelouks qui étaient accourus des différentes parties de l'Egypte pour prendre part à l'insurrection ; tous avouaient s'être cachés dans les mosquées ; on fouilla ces édifices, on les soumit à la surveillance la plus sévère. Les gens de loi vinrent réclamer l'indulgence du général en chef : c'était ce qu'il voulait. Les mosquées sont le refuge des voyageurs ; c'est là qu'ils logent, qu'ils s'établissent, qu'ils échappent à la surveillance de l'autorité. Les Cheicks offraient d'en faire la police ; ils s'engageaient à n'y recevoir personne qui aurait à les entretenir d'affaires ; ils ne voulaient admettre que ceux qui venaient s'occuper de sciences, de coran, de religion. Nous étions débarrassés d'une surveillance difficile ; la crainte de nous voir profaner les lieux saints les rendait sévères. D'ailleurs ils avaient devant eux un exemple ; ils savaient ce qu'on gagne aux complots. Le général avait eu dessein de confier la police de la place à ceux que l'ordre intéresse, de réunir, de former en corps les propriétaires ; en un mot, d'organiser une garde nationale. Mais la fusion n'était pas faite. Notre influence était devenue douteuse ; il craignit de confier des armes à des habitans dont les mœurs, le langage, la religion diffèrent, qui n'avaient rien de commun avec nous. D'une autre part, il ne voulait pas s'en rapporter aux Francs. La préférence eût alarmé les naturels ; on eût soupçonné que nous avions des vues de prosélytisme. Il convoqua les chefs de quartier. Il leur représenta qu'eux seuls avaient à perdre aux émeutes ; que les insurrections, peu redoutables pour l'armée, compromettaient leur vie, leur fortune; que c'était à ceux qui encouraient les chances à les prévenir. Enfin il les amena à lui proposer des mesures. Ils les discutèrent avec lui ; convinrent des moyens qui paraissaient les plus efficaces, et souscrivirent l'engagement qui suit :

« Nous, soussignés, négocians, chefs de...., étant assemblés chez le général Bonaparte, promettons solennellement que, dorénavant, nous préserverons les rues de notre arrondissement de tout trouble ; que nous donnerons tous nos soins pour contenir les méchans et mauvais sujets ; que nous les éloignerons de nous. Lorsque nous aurons connaissance que quelqu'un de notre quartier voudra commettre du désordre, nous nous obligeons à le saisir et en donner connaissance au commandant de la place ou à l'aga des Janissaires. En outre, lorsque des étrangers voudront s'établir dans notre arrondissement, nous promettons de le faire connaître au commandant ; et si, par malheur, il arrivait quelque désordre dont nous n'eussions pas donné avis, nous consentons tous à être personnellement responsables. »

Les Anglais étaient toujours en vue ; ils menaçaient les côtes ; les rapports étaient fréquens ; il n'était question que des apprêts qu'ils faisaient pour débarquer : tout cela, nous dit le général, ne peut-être bien dangereux. Marmont est accouru avec sa colonne. La place est suffisamment garnie. Il faut qu'on occupe la batterie des Bains. C'est de ce point qu'on peut empêcher l'ennemi de prendre, entre le Marabou et le fort Triangulaire, une position pour brûler notre escadre. Il est essentiel d'avoir deux ou trois pièces de gros calibre. Si l'on tente le débarquement à Aboukir, la garnison de Rosette pourra faire une diversion avantageuse à celle d'Alexandrie. Au reste, le principal est que je sois bien informé. Au premier bruit qu'il y a sur cette flotte des troupes de débarquement, j'enverrai du monde à Rahmanié. Murat, vous partirez cette nuit avec la 75°, vous vous rendrez à Rahmanié, de là à Rosette, de là à Aboukir, de là à Alexandrie. Cet accroissement de forces est indispensable pour s'opposer à toutes les entreprises que pourrait tenter l'ennemi. Je fais tenir des bâtimens prêts, je suivrai moi-même, si les nouvelles de demain me le font juger nécessaire. Murat partit, le général se mit à parcourir les dépêches, il achevait un rapport de Menou. « Voyez, me dit-il, le beau projet. Il veut défendre le Bogaz avec des chaloupes canonnières et des avisos. Il n'y pense pas; d'abord, je ne puis lui laisser tous les bâtimens qu'il a, nous en avons besoin sur divers points du Nil; ensuite l'ennemi peut nous en opposer un plus grand nombre, au lieu que six pièces de vingt-quatre, placées dans un lieu favorable avec deux bons grils à boulets rouges, braveraient toutes les escadres. Qu'il se conforme à ses instructions, qu'il fasse venir six pièces et quatre mortiers. Il a des bœufs pour les charrier, qu'il en envoie également à Damiette. Berthier, renouvelez-lui mes ordres; mais vous, général Belliard, si nous partons, vous ne pourrez pas nous suivre; vous souffrez des yeux, le désert vous fatiguerait. Voulez-vous prendre le commandement du Caire? Non, lui dis-je, vous me donnez le choix, j'en profite. Je suis venu de trop loin pour passer mon temps au milieu des pipes et du tabac, j'aime mieux courir. — En ce cas, je vais vous servir à souhait. Les démonstrations des Anglais n'ont d'autre but que d'encourager les Bédouins à se faire couper la gorge; ils se contenteront bravement de couvrir de projectiles, les sables d'Aboukir, ils n'auront garde de descendre. Tenez-vous prêt à partir pour la Haute-Égypte. Desaix a besoin de secours; les bons amis du prophète n'auront pas oublié le Saïd. Tout y est sûrement en combustion; mais je ne vois ni Ulemas, ni Cheik. Ils savent pourtant qu'ils sont découverts; ils doivent chercher à faire oublier leurs fautes. Je croyais déjà les entendre prêcher la soumission. Berthier, faites les avertir; car, enfin, puisque le ciel nous attaque, il faut bien qu'il nous défende; qu'en pensez-vous, général Belliard? — Sans doute, s'emparer des préjugés populaires pour arrêter l'effusion du sang est rendre un service à l'humanité. Mais vous êtes prévenu, l'obséquiosité arabe n'a pas dû rester en arrière; voici les Cheiks, ils vous apportent sans doute quelque proclamation. Ils en apportaient une en effet elle était ainsi conçue :

« Nous prions le Tout-Puissant de vous préser-
» ver de la sédition et du désordre caché ou pu-
» blic et de vous éloigner de ceux qui cherchent
» à faire le mal sur la terre.

» Savoir faisons aux habitans des provinces,
» qu'il est arrivé quelques désordres dans la ville
» du Caire de la part de la vile populace, et des
» méchans qui se sont mêlés avec elle ; ils ont mis
» la désunion entre les troupes françaises et les
» sujets, et cela a occasionné la perte de beaucoup
» de Musulmans. Mais la main bienfaisante et in-
» visible de Dieu est venue bientôt appaiser la dis-
» corde ; et, par notre intercession auprès du gé-
» néral en chef Bonaparte, les malheurs qui de-
» vaient suivre la révolte ont été arrêtés. Il a em-
» pêché les troupes de brûler la ville et de la pil-
» ler, car il est plein de sagesse, bienfaisant et mi-
» séricordieux envers les Musulmans ; il est le pro-
» tecteur particulier des pauvres, et sans lui, tous
» les habitans du Caire n'existeraient plus.

» Gardez-vous donc bien d'exciter le désordre,
» afin que vous jouissiez dans vos foyers de la
» tranquillité et de la sécurité. N'écoutez point
» les conseils des méchans et les projets des sédi-

» tieux ; ne soyez point du nombre de ces insen-
» sés malheureux qui ne savent point prévoir les
» conséquences. Rappelez-vous que Dieu donne
» l'empire à qui il veut et ordonne ce qu'il lui
» plaît. Tous ceux qui ont été les auteurs du dé-
» sordre ont péri, et cette terre en a été heureu-
» sement délivrée.

» Nous vous conjurons donc de prendre garde
» de vous jeter dans le précipice ; occupez-vous
» des moyens de gagner votre vie et des devoirs
» qui vous sont imposés par votre religion. Cette
» sainte religion nous ordonne de vous donner
» ces conseils. »

C'est fort bien, leur dit le général ; mais comment vous, Musulmans, vous qui chérissez la loi, souffrez-vous qu'on nous attaque, qu'on attaque le prophète. Car, enfin, sa mission serait bien mal établie si elle ne frappait aucun de nous, vous ne le croyez pas. Vous-mêmes avez écrit à la Mecque que nous étions convaincus de la supériorité de l'islamisme sur toutes les autres religions. D'où vient donc qu'on nous dépeint comme les ennemis du Coran, que le peuple s'unit aux Anglais, qu'il s'allie aux Russes? Qui défendra Ste-Sophie si les croyans fraient la voie aux infidèles? Cette réflexion les frappa, ils passèrent dans une salle voisine, écrivirent, revinrent et lui présentèrent l'homélie qui suit :

« O vous Musulmans, habitans des villes fron-
» tières et des places, ô vous, habitans des villa-
» ges, Fellahs et Arabes! sachez qu'Ibrahim
» Bey et Mourad ont répandu dans toute l'Egypte
» des écrits tendant à exciter le peuple à la ré-
» volte, et ils ont fait entendre frauduleusement
» et malignement que ces écrits viennent de Sa
» Majesté Impériale, et de quelques-uns de ses
» visirs.
» Si vous cherchez la raison de ces mensonges
» politiques, vous la trouverez dans leur dépit et
» leur rage contre les Ulemas et les sujets qui
» n'ont pas voulu les suivre et abandonner leur
» patrie et leurs familles. Ils se sont proposés par
» là de jeter des semences de méfiance et de dé-
» sordre parmi le peuple et l'armée française, afin
» d'avoir la satisfaction de voir détruire le pays et
» tous les habitans, tant est profonde la douleur

» qu'ils ont de voir leur puissance détruite en
» Egypte! En effet, s'il était vrai que ces écrits
» vinssent de la part de Sa Majesté impériale, le
» sultan des sultans, nous les aurions vus appor-
» tés authentiquement par les Agahs.

» Vous n'ignorez pas que les Français ont été
» de tout temps, parmi les nations euro-
» péennes, les seuls amis des Musulmans et de
» l'islamisme, et les ennemis des idolâtres et de
» leurs superstitions. Ils sont les fidèles et les
» zélés alliés de notre seigneur le sultan, tou-
» jours prêts à lui donner des témoignages d'af-
» fection et à venir à son secours. Ils aiment ceux
» qui l'aiment et sont les ennemis de ses enne-
» mis : ce qui est la cause de la haine qui existe
» entre eux et les Russes, qui méditent la prise de
» Constantinople, et emploient tous les moyens
» que la ruse et l'astuce peuvent leur fournir pour
» envahir le pays de l'islamisme ; mais l'attache-
» ment des Français pour la Sublime-Porte, et les
» puissans secours qu'ils lui donneront, confon-
» dront leurs mauvais desseins. Les Russes dési-
» reraient s'emparer de Ste-Sophie et des autres
» temples dédiés au vrai Dieu, pour en faire des

» églises consacrées aux exercices profanes de leur
» perverse croyance : mais, s'il plaît au ciel, les
» Français aideront notre seigneur le sultan à se
» rendre maître de leur pays et à en exterminer
» la race.

» Nous vous invitons, habitans de l'Egypte, à
» ne point vous livrer à des projets de désordre,
» de sédition et de révolte. Ne cherchez pas à
» nuire aux troupes françaises, le résultat d'une
» conduite contraire attirerait sur vous les mal-
» heurs, la mort et la destruction ; n'écoutez pas
» les discours des méchans et les insinuations
» perfides de ces gens turbulens et factieux qui
» ne se plaisent que dans les excès et dans les
» crimes ; vous auriez trop lieu de vous en re-
» pentir. »

QUATORZIÈME NOTE.

COMBAT DE BENOUTH.

Nous cheminions, nous nous entretenions des projets du général, de ses opérations, nous fûmes bientôt à Esné. Je fis appareiller la flottille, je rassemblai mes postes, je nommai un commandant de place, je lui laissai 400 hommes, des vivres;

dans un instant tout fut prêt. Je me mis en route pour Arman avec ce qui me restait de la 21e, une pièce de trois, des dragons et quelques chameaux chargés de subsistances. Chemin faisant, je rencontrai des déserteurs, des traînards qui m'annonçaient la dispersion totale des Mamelouks; ils racontaient que la rupture était entière entre Assan et Mourad, que le premier voulait tenter la fortune en avant d'Esné, que le second s'y était opposé, qu'ils avaient eu une altercation terrible, qu'ils s'étaient séparés. La rupture pouvait être vraie, mais les paysans fuyaient. Cet indice avait plus de poids à mes yeux que tous les récits des transfuges. L'attitude des villages me donnait la mesure des espérances que nourrissaient les Beys. Je jugeai que quelque événement que je ne connaissais pas encore avaient changé la face des affaires, ou que nous touchions à une émeute, à un rassemblement nouveau. Je ne me trompais pas ; à peine atteignais-je Arman, que j'appris qu'Assan avait effectivement quitté Mourad, mais pour des motifs bien différens que ceux qu'on lui prêtait; il courait échauffer l'insurrection, il se ralliait aux Arabes, au shérif, allait donner l'impulsion à une nuée de fanatiques que le chef d'Iambo nous avait dépêchés. Ce yaumaturge adroit ne cessait d'agiter la populace des villes saintes. Il bravait le feu, prétendait que les balles rebondissaient sur lui, qu'il était invulnérable, que le prophète rendrait cette faveur commune à tous ceux qui s'armeraient pour lui. Les Arabes séduits criaient à la protection du ciel, s'enrôlaient, marchaient et venaient prolonger une lutte bien étrangère à Mahomet.

J'attendais ma flottille; j'ignorais que le général Desaix, dans sa marche sur Siout, eût laissé la sienne en arrière. Cependant, on me rapportait que des barques avaient été arrêtées, prises à l'abordage, que les Meckains se disposaient à passer le Nil, qu'ils venaient à nous. Mes chaloupes arrivèrent, ce n'étaient pas les miennes qui avaient été assaillies, il fallait donc qu'il y en eût d'autres dans le voisinage, que nos troupes eussent éprouvé des revers. Je marchai en avant, les espions que j'avais détachés ne tardèrent pas à reparaître. Ils m'annoncèrent que l'ennemi n'était pas sur la rive gauche, qu'il occupait la droite du fleuve, qu'il avait des pièces, que nos embarcations étaient perdues, arrêtées par des vents contraires; elles avaient fait de vains efforts pour suivre la division qui allait chercher l'Elfi, elles étaient encore au-dessous de Benouth, lorsque le shérif parut. Elles opposèrent une résistance opiniâtre, la mitraille n'arrêtait pas, le rivage était jonché de morts, mais les assaillans se présentent par la rive gauche, par la droite, ils attaquent avec fureur, les canots sont emportés. Cependant l'*Italie* ne perd pas courage, le feu s'anime, les coups se pressent, la plage, les flots sont couverts de débris, la lutte durait depuis vingt-quatre heures, l'équipage était accablé, baigné de sang, de nouvelles troupes se présentaient; Morandi met à la voile, mais il n'a plus de bras, tout a perdu la vie, il ne peut manœuvrer son bâtiment, il échoue, il incendie les poudres, il saute en l'air, il échappe aux cruautés des Arabes; le schérif exaltéré ne doute plus de l'issue de la sainte entreprise, il annonce la ruine des infidèles, nous allons avoir l'initiative, il marche à nous. Je lui épargnai une partie du chemin, je m'avançai à sa rencontre, je passai le Nil où fut jadis Thèbes, je me dirigeai sur Benouth. Nous trouvions partout des sabres, des cartouches, des débris d'uniformes. Cette vue enflammait nos soldats, nous brûlions de venger nos amis. Nous arrivâmes à Kous. La population qui nous était attachée nous témoignait ce tendre intérêt qu'arrache le malheur; elle nous croyait dévoués à la mort, nous avions d'autres espérances. Je fis venir le Cheik, je l'interrogeai, j'appris que les Meckains étaient retranchés, qu'ils avaient des pièces en avant du village, qu'ils en avaient sur le bord du Nil, qu'ils avaient fait d'excellentes dispositions. Je continuai le mouvement. Je me trouvai en présence de trois mille hommes d'infanterie, de quatre à cinq cents chevaux qui se déployaient dans la plaine de Cophtes. Ils nous présentèrent la bataille, nous l'acceptâmes, je fermai mes colonnes, je détachai mes tirailleurs, l'action s'engagea. Elle n'allait pas au gré du shérif, il accourt, anime les siens, leur parle des houris, du prophète, les remplit d'une sainte fureur. Ils s'avancent avec plus d'audace, nos tirailleurs les attendent, on se mêle, on se confond, on lutte corps à corps. Quelques dragons accourent, les Arabes s'éloignent, nos soldats reprennent leurs armes, la fusillade commence, nous marchons, tout se replie, l'ennemi gagne le village, il s'établit derrière des fossés profonds et ouvre un feu meurtrier; mais la charge bat, tout s'ébranle, tout s'anime, nous allions emporter la batterie lorsque les Mamelouks se présentent et nous attaquent par le flanc, une décharge à bout portant les désorganise, ils fuient, nous suivons, nous sommes maîtres du champ de bataille. Nous enlevons les maisons crénelées, nous attaquons la mosquée, nous forçons le village. On tire, on brûle, on fusille partout. On donne, on reçoit la mort, les Mamelouks tranquilles contemplaient cette scène de carnage et laissaient froidement égorger ceux qui les avaient secourus. Un Meckain s'indigne de cette lâche inaction, il s'élance au milieu du feu, passe et les accable de reproches; ils cèdent à ses justes plaintes; ils montent à cheval, fournissent une charge furieuse, sont repoussés, gagnent le désert et abandonnent les Arabes à leur destinée. Ceux-ci, néanmoins, ne perdent pas courage; ils chantent, psalmodient, combattent, luttent contre les flammes, la soif et la mitraille, mais Eppler les attaque avec fureur, l'incendie les gagne, les murs s'écroulent, ils n'ont plus de défense, presque tous ont péri; ils cèdent, ils tombent sous la baïonnette ou expirent sous le tranchant du sabre, douze cents furent couchés dans la poussière. Un plus grand nombre était blessé, nous avions repris nos barques, nos pièces, nous avions enlevé deux drapeaux. Ce succès nous coûtait quelques braves, nous en avions soixante hors de combat.

Nous étions vainqueurs, les femmes avaient forcé les harems, elles emplissaient le camp, elles rafolaient de nos soldats. C'était une joie! une gaîté! Jamais pareille saturnale n'anima champ de bataille; mais les Arabes pouvaient reparaître et nous n'avions plus ni poudre, ni munitions, tout avait été consommé dans cette terrible affaire; à peine s'il me restait une douzaine de coups à mitraille. Je ne savais quel parti prendre. Je ne pouvais remonter à Esné, j'eusse cédé le terrain aux Mamelouks, l'insurrection eût acquis de nouvelles forces. D'une autre part, je ne savais où était Desaix, ni avec quelle fortune il combattait; où le prendre, où le trouver, où avoir des cartouches? Je l'ignorais, mais lui seul pouvait rafraîchir nos caissons. Je lui expédiai à tout hasard quelques Arabes, et m'avançai sur Kéné. La victoire l'avait rendu docile. Une poignée de braves avait terrassé la Mecque et les tribus, il ne lui restait qu'à se soumettre. J'y reçus trois lettres que Donzelot m'avait adressées de Farchout. Elles étaient à plus de quinze jours de date, elles n'avaient pu passer que lorsque la défaite du Shérif avait rouvert les communications. Il me mandait de descendre à Kéné, que l'intention du général était que j'y construisisse un fort. Cette position est en effet importante. Placée au débouché du désert, elle commande le Nil, la route de Cosseir, et sert d'entrepôt au commerce de l'Arabie. Elle est séparée par cinq jours de sables du seul port que la Haute-Egypte ait sur la mer Rouge; elle fournit de l'eau, des subsistances et des chameaux, aux voyageurs que la dévotion ou le négoce conduisent à la Mecque, à Médine, aux autres places de l'Orient. Elle possède à elle seule presque toutes les bêtes de somme qu'emploient les caravannes; elle nous rendait maîtres des transports du Saïd. Nous le contenions par son trafic. Je n'avais pas de munitions, je ne pouvais aller chercher les Meckains, qu'on me disait tantôt s'assembler, revenir à la charge, tantôt gagner l'Edjaz. Je réunis des matériaux, nous mîmes la main à l'œuvre, nous jetâmes les fondations, nous poussâmes les ouvrages, laissant à un temps plus heureux à demander compte aux Mamelouks de leurs forfanteries. Il ne tarda pas. Le général nous expédiait de la poudre, des projectiles, et suivait lui-même le convoi. Il m'en donnait avis, me faisait part de quelques dispositions, et comblait d'éloges celles de Benouth.

QUINZIÈME NOTE.

En recevant mes dépêches, le général Desaix m'écrivit : « Mon général, je vous félicite de votre
» effroyable combat, il vous couvre de gloire vous
» et votre intrépide demi-brigade. Il n'appartient
» qu'à vous de faire des prodiges. Je me rappro-
» che de vous, vous allez avoir des munitions.
» Ayez l'œil sur les Meckains, sachez ce qu'ils de-
» viennent. Je voudrais qu'il n'en échappât pas
» un. Nous nous concerterons pour les enve-
» lopper.

» Donnez-moi des nouvelles des Beys, je ne sais
» où ils sont, ce qu'ils deviennent, et pourtant je
» voudrais les suivre, ne pas leur laisser reprendre
» haleine. Quelques-uns sont autour de Syout
» avec les Arabes, dont ils partagent la misère.
» Soliman Cachef vient d'être battu par la garni-
» son de Minich; beaucoup de Mamelouks se ren-
» dent, d'autres sont répandus dans les villages,
» le pays en est plein, mais ils sont difficiles à
» prendre. Le bonjour à tous les aides-de-camp du
» monde, et amitié à tous vos amis. »

La confiance commençait à renaître, les paysans rentraient. Je ne demandais compte à personne de sa conduite, de son absence. Cette modération enhardit quelques pèlerins des régences qui erraient dans les villages, ils vinrent me demander des cartes de sûreté. J'avais sauvé dans le sac de Benouth quelques-uns de leurs compatriotes. Cet acte d'humanité les toucha, ils m'en témoignèrent leur reconnaissance, et l'un d'eux, qui paraissait leur chef, me dit qu'il allait écrire aux Barbaresques et les rappeler. Ce langage m'étonna dans la bouche d'un homme qui me semblait au surplus avoir quelqu'influence dans la caravanne. Je demandai ce qu'il était ; fils de roi, me répondit-on. Je fus curieux de savoir l'histoire d'un fils de roi en si mince équipage. Elle était affreuse et bien digne de la race barbare dont il était issu. Egaré par une fureur aveugle, son grand-père mettait impitoyablement à mort tout ce qui lui naissait. On parvint néanmoins à tromper sa vigilance ; quelques-uns de ses enfans échappèrent au sort qu'il leur réservait, il s'en aperçut, feignit de la douleur, pleura, gémit de s'être abandonné à des excès coupables, de n'avoir pas d'héritiers. Sa femme, charmée de le voir revenir aux sentimens de la nature, lui avoue sa supercherie, appelle ses enfans. Il les accueille, les fête, réunit ses courtisans, et quand la joie a gagné tous les convives, que chacun se communique sa satisfaction, il donne un signal, tout est égorgé. Un de ses fils échappe cependant à la faveur du désordre, ses blessures se ferment, il se rétablit, il règne, il donne naissance à une nombreuse progéniture. Il ne fait périr aucun de ses enfans, mais il les perd dans la foule, il les confond avec les derniers de ses sujets, il les enrégimente, il en a huit cents sous les armes. Celui-ci était du nombre et n'avait d'autre autorité sur la multitude que celle qu'elle voulait lui accorder. Nous ne sommes pas faits à des mœurs si sauvages, ce récit nous toucha. Je fus curieux de voir de près ce soldat royal, j'allai à lui, nous liâmes conversation. Il me donna sur la Mecque des détails précieux. Le shérif était loin d'avoir pour nous de la bienveillance, mais la ville sainte est située au milieu d'une vaste plaine sans végétation ; elle vit de la superstition populaire et des blés qu'elle tire de l'Egypte. Nous pouvions suspendre les pélerinages, prohiber les convois, la réduire à une misère affreuse, d'une autre part, l'islamisme compte aussi ses incrédules ; un d'entre eux venait de rentrer à Médine. Il n'avait apporté de ses longs voyages que l'aversion, le mépris d'une âme généreuse pour toutes ces institutions qui livrent la multitude à quelques hommes et font de l'espèce humaine le patrimoine de la fourberie et du mensonge. Il prêcha, fut écouté, mit l'Arabie en feu. Une mort opportune débarrassa le patriarche de ce dangereux mécréan : mais le fils avait hérité des opinions du père, il rallia ses adeptes et marcha sur le Caaba. Le shérif alarmé, battu, ne savait comment conjurer l'orage. Il eut recours à la ruse, se vanta de notre appui, menaça de la vengeance du sultan des Français les ennemis du culte que nous protégions. Ce stratagème réussit. Le bruit de nos victoires emplissait l'Orient, la secte effrayée se dissipa, il n'en fut plus question. Mais le descendant de la postérité d'Hachim avait fait l'épreuve du parti qu'il pouvait tirer de la terreur qu'inspiraient nos armes. Il méprisa les invectives du shérif d'Iambo qui accusait son zèle pour la foi, et réprima les insultes des Anglais. Ces insulaires excitaient, maltraitaient ses sujets, il les chassa de Djedda et construisit des ouvrages capables de les tenir éloignés. Des artilleurs, un maître ouvrier de marine faits prisonniers à l'affaire de Cosseir furent chargés de confectionner des affûts, d'armer la place. Nos revers tournaient au désavantage de ceux qui les avaient préparés, c'était une sorte de compensation.

Je m'entretenais avec ces Barbaresques; tout-à-coup, une fusillade assez vive se fait entendre du côté de Benouth. Je n'avais pas de troupes à cette hauteur, j'étais sans nouvelles de la garnison d'Esné. Quelqu'événement l'avait-il obligé de descendre, de quitter ce poste, je ne savais ce que ce pouvait être. J'avais, la veille, fait exécuter quelques Meckains trouvés armés dans la mosquée de Kéné. Les paysans bâtissaient sur cette circonstance et annonçaient que le Shérif, outré, était aux mains avec les Beys. Il les accusait d'avoir excité ses soldats à massacrer les chrétiens, à piller les églises, et d'avoir attiré ces terribles représailles. On s'était échauffé, on avait couru aux armes, et un combat sanglant s'était engagé. Au moment où ces nouvelles commençaient à prendre de la consistance, arrive un officier tout haletant de fatigue, qui prétend que plusieurs milliers de Mamelouks, soutenus d'une nuée d'Arabes, sont tombés sur nos postes, que tout est égorgé. La circonstance était grave, ce n'était pas le moment de discuter, il fallait courir au secours; nous partons, nous sommes en marche. Mais bientôt le feu cesse, nous rencontrons quelques-uns de nos soldats, nous avons le mot de cette singulière alerte. Cet officier, plein d'effroi, s'était tenu toute la matinée la tête découverte; un coup de soleil l'avait frpapé, avait produit une aliénation complète. Il avait abandonné sa troupe avec les récits, les démonstrations qui avaient jeté le trouble à

Kéné; il traversa la place, gagna le désert, et ne s'arrêta que lorsque les forces lui manquèrent. Les paysans l'accueillirent, la folie est sacrée parmi eux; il resta longtemps dans les villages et nous revint quand nous quittâmes la Haute-Égypte. Il n'avait malheureusement pas recouvré sa raison. Le général arriva, la troupe était sous les armes, les drapeaux des Meckains déployés; il mit pied à terre, la passa en revue, la félicita du courage, de la bonne conduite qui l'avaient signalée. « Vous avez forcé les cataractes, mais l'armée va franchir le désert, elle va dissiper les Pachas, conquérir la Syrie, frapper l'Angleterre; ne nous laissons pas éclipser par sa gloire, poussons, chassons les Beys; que pas un Mamelouk n'échappe à nos coups. » Les troupes avaient défilé, nous étions seuls, je lui demandai si c'était d'une reconnaissance, d'une expédition qu'il parlait, qui de Kléber ou de Bonaparte devait la conduire? Il pensait d'abord, me répondit-il, qu'il ne s'agissait que de montrer quelques têtes de colonne sur la côte de Gaza, et que Kléber serait chargé du mouvement : mais la chose est plus sérieuse, le général marche en personne. « Savez-vous que les instructions qu'il m'envoie, sentent tout-à-fait les plans que vous nous exposiez à l'ouverture de la campagne. Ce sont les ouvrages, les djermes, les colonnes mobiles dont vous m'entreteniez à Benisouef, toutes vos idées s'y trouvent.

« Faites construire un petit fort capable de con-
» tenir deux ou trois cents hommes, et un plus
» grand nombre dans l'occasion, dans l'endroit le
» plus favorable que vous pourrez, et il faut le
» placer près d'un pays fertile.

» Le but de ce fort serait de réunir là nos
» magasins et nos bâtimens armés, afin que, dans
» le mois de mai ou de juin, notre division deve-
» nant nécessaire ailleurs, on puisse laisser un gé-
» néral avec quatre ou cinq djermes armées, qui
» de là tiendra en respect toute la Haute-Egypte.
» Il y aura des fours et des magasins, de sorte
» que quelques bataillons de renfort le mettraient
» dans le cas de soumettre les villages qui se se-
» raient révoltés, ou de chasser les Mamelouks qui
» seraient revenus. Sans cela vous sentez que si
» votre division est nécessaire ailleurs, cent Ma-
» melouks peuvent revenir et s'emparer de la
» Haute-Egypte, ce qui n'arrivera pas si les habi-

» tans voient toujours des troupes françaises, et
» dès-lors peuvent penser que notre division n'est
» absente que momentanément. Je désirerais, si
» cela est possible, qu'un fort fût à même de cor-
» respondre avec Cosseir.

» Je fais construire dans ce moment deux cor-
» vettes à Suez, qui porteront chacune douze
» pièces de canon de six. Mettez la main le plus tôt
» possible à la construction de votre fort. Prenez
» là vos larges. Assurez-vous d'un nombre de pièces
» nécessaires pour armer votre fort. Je désire, si
» cela est possible, qu'il soit en pierre. »

Ce sont vos idées, il est juste que vous les exé-
cutiez vous-même, aussi vous ai-je retenu. — Retenu! comment! où? Que voulez-vous dire? —
Vous êtes désigné pour la campagne de Syrie;
mais vous courez le désert comme un Arabe, vous
étiez l'homme aux Meckains, je n'ai pas voulu
vous laisser aller. J'ai écrit au général, il a retiré
ses ordres, et du rôle brillant d'un croisé, vous
voilà réduit à jouter de vitesse avec Mourad. »
J'étais impatient de connaître la situation de la
Basse-Egypte, les mesures qui avaient été prises

pour contenir la malveillance, arracher le peuple aux séductions, aux bruits, aux mensonges dont on ne manquerait pas de l'échauffer. Mais tout était prévu, tout était calculé, le général n'avait rien laissé au hasard; ses soins, son attention pour tout ce qui touchait au culte, ses égards pour les villages consacrés aux villes saintes, et surtout sa correspondance avec le Shérif, avaient déconcerté les dévots. Les Cheicks exhortaient les Fellahs à la soumission; ils vantaient l'organisation que nous venions de donner à l'Égypte, le système d'agriculture que nous projetions, l'impulsion que nous allions donner au commerce, la paix, l'aisance dont le pauvre peuple allait jouir, sous le règne de son souverain Bonaparte, général en chef de l'armée française; le Mollah suivait l'expédition, les chefs des tribus en faisaient partie, les provinces avaient donné des ôtages, les forts étaient armés, remplis de subsistances. Nous avions toutes les garanties que nous pouvions avoir. L'ennemi extérieur inspirait peu de craintes, la saison des débarquemens était éloignée, nous étions maîtres des bouches du Nil, il ne pouvait rien tenter de grand sur le Delta. Le général cependant ne cessait d'aviser aux moyens d'accroître la défense, il prévoyait, il discutait les incidens les plus minces, il entrait dans les moindres détails, il ne négligeait rien. A force d'approcher nos postes, les Arabes s'étaient familiarisés avec nos rondes et avaient appris nos mots de ralliement, il les changea. Le calme dont on jouissait avait produit la confiance. Les soldats circulaient sans armes dans les rues du Caire, les malades se répandaient hors de l'enceinte des fortifications, ils pouvaient être massacrés dans une minute, il prescrivit aux uns de se conduire avec plus de réserve, aux autres de s'éloigner des ouvrages. Il leur abandonna l'île de Ronda, ils avaient de quoi se promener à l'aise. Berthier venait de recevoir les confidences de quelques femmes de Mamelouks. Elles trouvaient les Français charmans, elles s'en tenaient à eux et ne souhaitaient rien moins que le retour des Beys. Elles lui avaient appris que le Cheick El Fayoum, qui nous paraissait dévoué, était l'ami, le confident d'Ibrahim, qu'il avait ses richesses en dépôt, qu'ils correspondaient ensemble. En ce cas, il faut qu'il nous suive, dit le général en chef, nos succès le rendront fidèle, ce sera une exécution de moins. — Les forts, comment sont-ils approvisionnés? Ecrivez aux commandans de la citadelle, des forts Dupuis, Sulkouski, Ibrahim-Bey, de la prise d'eau, de Giseh; qu'ils m'envoient dans la journée de demain une réponse à ces questions; si hier ils avaient été bloqués de manière à ne pouvoir plus communiquer, combien de bouches avaient-ils à nourrir? Combien de jours pouvaient-ils se défendre? Qu'est-ce qui les empêcherait de tenir plus longtemps? Qu'est-ce qui leur manquerait? — Voyez, n'omettez rien pour assurer la défense et maintenir la tranquillité. Dugua va d'ailleurs prendre le commandement du Caire, il est actif, sage, plein de vigilance, il suspendra son goût pour les antiques, il déjouera les trames, il fera régner l'ordre partout. Je vais lui donner des instructions, écrivez.

LETTRE

DU GÉNÉRAL EN CHEF

A LA VEUVE DE L'AMIRAL BRUEIX.

En recevant les détails de la perte de notre flotte, le général en chef, déplorant un si grand malheur, s'affligeait surtout de la mort du brave amiral Brueix : c'est surtout sa femme, disait-il, qui me fait peine; sa douleur était si vive, si profonde! on eût dit, quand elle lui faisait des adieux si tendres, qu'elle prévoyait qu'elle ne le reverrait plus : je vais lui écrire; je recommanderai à l'ordonnateur de la marine de lui remettre ma lettre avec tous les ménagemens possibles; mais quelle correspondance! Il appela son secrétaire et dicta :

« Votre mari a été tué d'un coup de canon en combattant à son bord. Il est mort sans souffrir et de la mort la plus douce et la plus enviée des militaires.

» Je sens vivement votre douleur : le moment qui nous sépare de l'objet que nous aimons est terrible, il nous isole de la terre; il fait éprouver au corps les convulsions de l'agonie : les facultés de l'âme sont anéanties, elle ne conserve de relation avec l'univers qu'au travers d'un cauchemar qui altère tout. L'on sent dans cette situation que si rien ne nous obligeait à vivre, il vaudrait beaucoup mieux mourir; mais lorsque après cette première pensée on presse ses enfans sur son cœur, des larmes, des sentimens tendres raniment la nature et l'on vit pour ses enfans. Oui, madame, vous pleurerez avec eux, vous élèverez leur enfance, cultiverez leur jeunesse : vous leur parlerez de leur père, de votre douleur, de la perte qu'ils ont faite, de celle qu'a faite la République. Après avoir attaché votre âme au monde par l'amour filial et l'amour maternel, appréciez pour quelque chose l'amitié et le vif intérêt que je prendrai toujours à la femme de mon ami. Persuadez-vous qu'il est des hommes, en petit nombre, qui méritent d'être l'espoir de la douleur parce qu'ils sentent avec chaleur les peines de l'âme.

BONAPARTE.

SITUATION DE L'ÉGYPTE.

APERÇU

SUR LA SITUATION MILITAIRE, COMMERCIALE ET POLITIQUE
DE L'ÉGYPTE AU 15 OCTOBRE 1825,

PAR M. M....,

Consul au Caire.

Depuis que les exploits de Sélim ont fait passer l'Égypte, en 1517, sous la domination des Ottomans, aucun prince n'a gouverné ce pays avec autant de gloire que Mohammed-Ali ; ce guerrier brave autant que sage, s'est acquis dans les armes une réputation que rehausse encore l'éclat des autres qualités qui le distinguent. Par lui, des régions éloignées sont devenues tributaires de l'Égypte ; on y reconnaît sa puissance, tout obéit à ses lois. L'Arabie, si nécessaire à la conservation du trône des sultans, n'a plus à redouter les Arabes Wahâbys, le pavillon égyptien protége les peuples de l'*Hedjaz*.

1.

Il y a des troupes réglées au nombre de 3,000 dans les ports d'*Jambò*, de *Geddah* et de *Confuda*; les villes saintes de Médine et de la Mecque ont aussi des garnisons, ainsi que les places de *Taijex* et de *Henakyeh*. Ces troupes stationnaires ont pour chef Osmân-Bey, brave officier entièrement dévoué à son prince; deux instructeurs français et italien sont chargés de leur apprendre les manœuvres.

Outre ces forces, Ahmed pacha, qui commande dans l'*Hedjaz*, tient sous ses ordres un corps de huit cents hommes de cavalerie qu'il emploie à réprimer les Arabes lorsqu'ils se rendent importuns. Sa résidence est à la *Mecque*.

II.

Dans l'Yemen, les états de *Hadræmouth* et de *Zahrán*, qui ont pour maîtres de puissans chefs d'Arabes, l'Imâm de *Sanaa* et les peuplades répandues sur les bords du golfe Persique, depuis *El-Kætif* jusqu'au-delà de *Raz-el-Khaymah*, reconnaissent la puissance du souverain de l'Egypte.

L'Arabie, en général, a conservé ses relations de commerce avec Suez et Cosseir; le café, les gommes, les épices et des toileries de l'Inde, continuent à fournir aux besoins des consommateurs.

III.

En Afrique, les villes de la haute et basse Nubie ont des garnisons égyptiennes. On a construit à *Dongola* un fort où il y a plusieurs bouches à feu; Abdyn-Kachef, recommandable par sa bravoure et sa courtoisie envers les Européens, commande ce poste important avec un corps de 500 cavaliers.

Berber est occupé par deux cents hommes de cavalerie turque et arabe.

IV.

On compte à *Chendy* cinq cents hommes d'infanterie ; cette ville, autrefois florissante par le commerce des jellabs, (conducteurs des caravannes de l'intérieur de l'Afrique) a tout perdu ; les Turcs l'ont entièrement saccagée en 1822, pour venger la mort d'Ismayl-Pacha qui périt avec sa suite au milieu des flammes dans la maison où il passait la nuit, par les sourdes menées du Malek-Nassrel, un chef des indigènes qu'il avait maltraité.

Sennaar a pour garnison huit cents hommes d'infanterie et deux cents de cavalerie ; il y a huit bouches à feu. Un officier italien est chargé de l'instruction de la troupe ; deux médecins soignent les malades.

V.

La province de *Cordofan*, enlevée au royaume de *Darfour*, est gardée par des troupes du *Nizam-Geddid* et trois cents hommes de cavalerie turque ;

quatre pièces de canon, deux obusiers servis par cinquante artilleurs, contribuent à la défense; il y a un instructeur français avec un médecin. Un nommé Soliman-Bey commande les troupes; Mohi-Bey, ancien officier du vice-roi, gouverne le pays, ainsi que le royaume de *Sennaar*, y compris *Berbes* et *Chendy*; il élève un hyppopotame qu'on a pris étant très-petit.

VI.

Depuis l'envahissement de la province de *Cordofân*, le roi de *Darfour* a cessé ses relations avec l'Egypte; les caravannes des jellabs n'apportent plus ni esclaves, ni plumes, ni gomme, ni poudre d'or, ni dents d'éléphant. Le vice-roi, désireux de rétablir la bonne harmonie entre les deux états, fit partir, il y a deux ans, pour *Darfour*, deux de ses officiers avec des présens; le roi, par des motifs contraires à ses intérêts, les retint près de lui.

VII.

Si je tourne mes regards vers la Syrie, j'y vois

les volontés de Mohammed-Ali recevoir une pleine exécution, comme dans la ville même du Caire. Les troubles qui ont eu lieu cette année dans le Liban par les menées du cheik Bechyr, qui avait soulevé une partie de la population contre l'émir Bechyr, chef de ces cantons, ont été appaisés par l'appui de Mohammed-Ali et son influence prépondérante sur les pachas d'Acre et de Damas ; le cheik Bechyr, après avoir été battu, s'est mis en fuite, il a été pris et décapité ; son rival l'émir Bechyr, dont le fils était venu à la cour de Chobia avec des présens en chevaux arabes, vit maintenant en paix dans sa résidence de *Cheykh-el Kamar*, sous le protectorat du prince qui s'en est fait un puissant allié.

VIII.

Depuis que la Sublime-Porte a mis Chypre sous le gouvernement tutélaire de Mohammed-Ali, les malheurs de la population grecque de cette île ont eu un terme ; il y a quatre cents hommes de troupes turques sous les ordres de Djaouk-Ali, connu par la bravoure qu'il a montrée dans la guerre contre les Wahabys.

En Candie, on s'occupe à réparer les désastres causés par la guerre, le vice-roi tient dans les principaux points de l'île quatre cents Albanais chargés de maintenir la tranquillité ; malgré ces forces, il vient d'envoyer le 7ᵉ régiment de troupes réglées pour ôter à la marine grecque tout espoir de réussir dans un débarquement.

IX.

Il paraît que c'est encore à Mohammed-Ali qu'il est réservé d'appaiser l'insurrection de la Morée ; Ibrahim pacha son fils, qui a terminé si glorieusement la guerre contre les Wahabys, combat les Grecs avec des avantages marqués ; les troupes égyptiennes aux ordres de Khourchyd et de Soliman-Bey, (ce dernier ancien officier français nommé Seve) ont fait des merveilles ; la désunion règne parmi les chefs de la milice grecque qui ont été frappés des succès rapides de leur ennemi, malgré qu'ils aient opposés dans plusieurs rencontres une vigoureuse résistance.

X.

L'Égypte, devenue le point de mire de l'Europe par les choses étonnantes qui s'y succèdent depuis quelques années; l'Égypte a maintenant une armée nationale campée entre le village d'*Abou-Zahbal* et celui d'*El-Kanké*, position célèbre par la défaite du grand-visir Joussef; cette armée est composée de six régimens formant seize mille hommes organisés et manœuvrant d'après les principes de la tactique européenne. Mohammed-Bey, ministre de la guerre, a le commandement suprême, il ne reçoit des ordres que du vice-roi; Osman-Bey Nouv-ed-Dyra, autrefois directeur de l'école militaire, remplit les fonctions de major-général.

Outre cette armée, Mohammed-Ali peut réunir six mille hommes de cavalerie et trois mille d'infanterie turque et albanaise; ces troupes sont cantonnées dans la haute et basse Égypte.

Six tribus d'Arabes, formant chacune six cents hommes de cavalerie, sont à la solde du vice-roi, qui en dispose comme bon lui semble; chaque cavalier reçoit dix francs par mois (30 piastres);

on leur a assigné dans les provinces de *Beny-Souex*, du *Fayoum* et de *Gyzeh*, des terres qu'ils cultivent et où ils font paître leurs troupeaux ; quatre de ces tribus sont venues depuis peu d'années de la Lybie.

Alexandrie contient six cents artilleurs et cent quatre-vingts bouches à feu, placées sur le mur d'enceinte et dans les forts construits par les Français. Un bataillon de huit cents hommes du *Nizam-Gedid*, fait le service de la place.

Le fort d'Aboukir a été rétabli en bonne et forte maçonnerie ; on y a placé des pièces de 36 et des mortiers.

Rosette et Damiette n'ont que des garnisons de cent cinquante et deux cents hommes, pour le maintien du bon ordre.

Le fort Julien est abandonné ; on a cantonné quelques soldats dans celui de l'Esbeh, depuis que les corsaires grecs ont capturé des bâtimens dans les parages de Damiette.

La marine se compose de deux frégates portant du canon de 18, trois corvettes avec des caronades, trois bricks et 22 navires armés ; les équipages ont en totalité 3,600 matelots et artilleurs.

Si je remplis la seconde partie de la tâche que je me suis imposée, je vois que le commerce de l'Egypte est tout entier dans les mains du vice-roi ; il achète des fellahs les denrées et autres produits à des prix qu'il fixe lui-même, il les vend aux négocians ; ou bien il les fait expédier pour son propre compte ; les prix des marchandises en Europe règlent la conduite qu'il doit tenir à cet égard.

Mohammed-Ali a beaucoup augmenté ses revenus par le produit des plantations de cotonnière, dont la culture n'était pas connue ; c'est un Français nommé Jumel qui lui a ouvert cette riche mine qu'il exploite si facilement. Le coton que l'on recueille aujourd'hui est recherché sur les marchés d'Europe ; on le distingue par un lainage épais, long et soyeux, sa qualité est supérieure à celle des cotons du Bengale et de l'Amérique, excepté à celui de Fernanbouc auquel il peut être comparé. Cette année, la récolte s'élèvera à plus de 500 mille quintaux ; le vice-roi a le projet de la porter à un million de quintaux, ce qui suffira pour alimenter une grande partie des fabriques de l'Europe. Cet immense produit donnera environ 70 millions de francs chaque année.

Pour arriver à un tel but, on travaille dans les provinces à compléter le nombre de 40 mille puits à roues qui exigeront 120 mille bœufs pour fournir l'eau nécessaire aux arrosemens.

Des Arméniens, que le vice-roi a fait venir de l'Inde, ont amélioré la culture de l'indigo et perfectionné sa manipulation ; déjà la récolte a donné cette année plus de 40 mille okkes (32 once l'une), que le gouvernement vend jusqu'à 80 piastres (28 fr.) aux négocians du pays et étrangers.

Vous savez, monsieur le comte, que l'opium de la Thébaïde était autrefois le plus estimé ; des Grecs de Smyrne ont fait dans la Haute-Egypte pour la culture de cette plante des essais qui ont donné les résultats que l'on en attendait. Le pacha a fixé le prix à 200 piastres l'okke.

Malgré ces améliorations, l'habitant n'en devient pas moins chaque jour plus malheureux ; l'année dernière, l'inondation a été médiocre, le Nil a décru vingt jours avant l'époque, circonstance fâcheuse qui a laissé une partie des terres incultes ; cette année, il y aura le même degré de stérilité, les eaux ne couvrent que les terres basses, et déjà elles sont en pleine diminution.

Outre cette calamité, le monopole de l'industrie continue d'exercer au détriment de la population une ruineuse influence; les nouvelles fabriques d'indienne et de toile de coton ne prospèrent pas à cause de leur administration vicieuse et pour les causes que j'ai signalées à l'article des fabriques dans la statistique de mon ouvrage.

La manufacture de draps, qui a coûté des sommes considérables, soit pour la bâtisse, soit pour l'achat des machines en Europe, n'a pu être mise en activité, et les armemens répétés que fait le vice-roi contre les Grecs, absorbent une grande partie des revenus, puisqu'il a dépensé plus de 150 mille bourses lors de l'expédition d'Ibrahim-Pacha et enlevé l'élite de la population.

XI.

Cependant ce prince, mu par des vues d'intérêt et de philantropie, veut réparer le vide causé dans la population par les levées d'hommes; des chirurgiens employés à son service vaccinent dans quelques provinces, sous l'inspection des chefs, les enfans qui n'ont point eu la petite vérole; si cette mesure est bien suivie, elle pourra, dans la suite, compenser le déficit que cause la conscription, car l'Egypte a plus que jamais besoin de bras. Je n'exagère pas en disant qu'il y a plus d'un quart de terres incultes.

XII.

Mohammed-Ali, continuellement occupé de ses expéditions militaires, n'a pu donner tous ses soins à l'administration agricole, quoique naguères il ait fait creuser dans la province de Charkyck et dans le Delta de nouveaux canaux pour faciliter les irrigations. Il vient aussi de faire réparer dans le *Fayoum* le canal de *Joseph*, qui était obstrué dans bien des endroits par les alluvions et l'éboulement des terres. 40 mille hommes ont été employés pendant trois mois à cette opération importante. On a également travaillé à faciliter le cours des eaux dans celui de *Batoun*, qui arrose les cantons de *Mellaoui*, de *Montfalout* et de *Menych*.

XIII.

Dans tous ces changemens utiles au bien-être de tous, le vice-roi est peu ou mal secondé ; il est le seul parmi les siens dont les conceptions soient grandes, il doit lutter contre l'esprit routinier des Turcs et des Arabes, ennemis des innovations.

Plusieurs chefs subalternes sont opposés à l'établissement du *Nizam-Gedid*, ils ne conçoivent pas qu'une armée nationale bien organisée, bien instruite, peut défendre l'Egypte contre les attaques du dehors et maintenir la tranquillité au-dedans ; ils méprisent tellement les fellahs qu'ils ne voudraient pas les voir armés et rivaliser avec eux.

XIV.

Malgré ces obstacles, Mohammed-Ali tient d'une main ferme les rênes du gouvernement ; le Kiaya-Bey, son ministre de l'intérieur, commande sous ses ordres, il est chargé de tout le détail de l'administration civile ; cet officier est Albanais, son dévouement à son prince, qu'il sert depuis dix-huit ans, mérite des éloges.

XV.

Mohammed-Bey, ministre de la guerre, est plein de sévérité; il a des principes de justice et sait maintenir la discipline; ses attributions se bornent à veiller à tout ce qui concerne l'armée.

Le desterdâr Mohammed-Bey, gendre du vice-roi, a conquis la province de *Cordofân*; il est instruit, courtois envers les étrangers, et plein de dureté envers les siens; il sait leur inspirer la crainte; il règne entre lui et le ministre de la guerre une jalousie que l'on a eu occasion de remarquer dans plusieurs circonstances.

Monsieur Boghoz-Joussouf, secrétaire interprète, remplit parfaitement les intentions de son prince, soit dans les affaires relatives au commerce, soit dans les relations extérieures. Il a les talents d'un diplomate.

Ces chefs tiennent le premier rang par les places éminentes qu'ils occupent; comblés d'honneurs et de bienfaits, possédant des richesses, ils sont intéressés au plus haut degré à maintenir l'ordre qui existe. En les attachant à sa destinée, le vice-roi a voulu qu'ils le fussent aussi à sa politique ; aussi, quels que soient les événemens, il les trouvera toujours disposés à le servir.

Les principes de Mohammed-Ali sont invariables ; il veut conserver le gouvernement de l'Egypte envers et contre tous ; je me rappelle lui avoir ouï dire : « J'ai pris le Caire avec le sabre et » ne le rendrai qu'avec le sabre. » Il est plus disposé à conquérir qu'à céder les contrées qu'il a soumises par sa prudence et sa valeur.

XVI.

Cependant, bien des personnes pensent, et je partage leur opinion, qu'aussitôt les troubles de la Grèce appaisés, la Sublime-Porte portera ses regards vers l'Egypte, les revenus considérables que Mohammed-Ali retire chaque année de cette belle et riche province (ils s'élèvent à plus de cent vingt millions de francs), les ressources qu'il a su se créer en tout genre, ont éveillé l'attention du sultan, qui ne retire qu'une faible partie de ces revenus.

On croit aussi que le capitan-pacha revendiquera le produit des douanes d'Alexandrie, de Rosette et de Damiette, comme étant son apanage. S'il apparaissait sur les côtes d'Egypte avec une escadre et des troupes, et qu'il eût l'ordre d'agir hostilement, je ne sais quelle contenance tiendrait Mohammed-Ali (1), il s'opposerait sans doute à l'exécution des projets du grand amiral, son en-

---

(1) Le 12 août pendant que le vice-roi était sorti d'Alexandrie pour donner chasse à des bâtimens grecs qui avaient dirigé dans le port un brûlot dont l'explosion faillit être funeste, le capitan-pacha parut avec son escadre composée de 42 voiles. Il avait essuyé un échec devant Patras, et venait pour se ravitailler; avant de faire aucune demande, il attendit le retour du vice-roi; lorsqu'il le vit rentrer à bord d'un canot qui s'était détaché du brik qu'il montait, il le fit saluer par l'artillerie de son escadre et vint à terre lui rendre sa visite. L'entrevue de ces deux princes parut amicale. On s'occupa de suite des besoins de l'armée turque; 50 mille quintaux de biscuits, 20 mille quintaux de farine et autres provisions furent transportés du Caire à Alexandrie et placés à bord des bâtimens. Après une relâche de 66 jours, le capitan-pacha mit à la voile pour la Morée, ayant sous ses ordres l'escadre égyptienne qui convoya deux régimens d'infanterie de 8,000 hommes et 600 cavaliers.

nemi, qu'il a détrôné en faisant insurger les troupes contre lui lorsqu'il était pacha du Caire après le départ de l'armée française; mais le mécontentement qui règne parmi la soldatesque turque et les chefs subalternes à cause de l'établissement du *Nizam-Gedid*, la détresse où se trouve la population, par le monopole de l'industrie, les contributions réitérées et par-dessus tout la conscription, contre laquelle on se récrie chaque jour, tous ces griefs favoriseraient puissamment les projets des ennemis du vice-roi.

Les Anglais attentifs à la marche des événemens sont prêts à profiter des moindres chances que leur offrirait une telle circonstance; ils voient d'un œil jaloux des généraux et des officiers français en Egypte, leur consul a dit au vice-roi que son gouvernement ne serait point satisfait d'une innovation si contraire aux usages établis, et le vice-roi a répondu que chacun était maître d'agir dans son pays comme il le voulrait.

L'Egypte est plus que jamais convoitée par les Anglais, depuis qu'ils ont vu sortir de ses ports de nouveaux produits qui ont porté un coup sensible à ceux de leurs colonies; c'est sur ce pays qu'ils portent leurs vues politiques et mercantiles; ceci est un fait auquel on ne saurait trop faire attention, ce sont des germes que le temps et les événemens feront peut-être éclore.

NOTES

SUR LE CONTENU DU MÉMOIRE ET DE LA LETTRE DU SIEUR M... PAR LE GÉNÉRAL ...

Il est vrai que M...... a exercé au Caire la place de gérant du consulat français, mais ce poste lui avait été confié par M. de Chateaubriand, alors ministre des affaires étrangères, qui, dans son voyage en Égypte, logea chez madame Kaffre, belle-mère de....; il voulut ainsi récompenser l'auteur de l'*Histoire d'Égypte*, de lui avoir dédié cet ouvrage. Mais ce que M..... ne dit pas et ce qui aura sans doute puissamment contribué à son remplacement par un titulaire, c'est que dans ses relations avec le Pacha, il lui baisait la main, bassesse qui ravalait le caractère du consul qu'il représentait.

N° 1 du *Mémoire*. — Il y est dit : « Par lui des » régions éloignées sont devenues tributaires de » l'Egypte; on y reconnaît sa puissance, tout obéit » à ses lois. L'Arabie, si nécessaire à la conserva- » tion du trône des Sultans, n'a plus à redouter » les Arabes Wechabites; le pavillon égyptien pro- » tège les peuples de l'Edjas. »

Les Wechabites ont obtenu, en 1825, au mois d'octobre, un succès signalé sur les troupes régulières du vice-roi, un bataillon fort de 500 hommes a été enlevé avec l'artillerie, les équipages et 2,000 chameaux appartenant au 2ᵉ régiment; cet échec a forcé le Pacha de la Mecque (Achmet-Pacha), neveu de Mehemed-Ali d'évacuer le poste important de Confoudah, de se concentrer sur Djeddah, en se bornant d'occuper la Mecque et Médine par de faibles détachemens. Les Wechabites, après ce succès, ont déclaré vouloir se soumettre, à la condition que le poste de Coufoudah ne serait plus occupé; ils paient effectivement leur tribut aujourd'hui, mais ils n'en travaillent pas moins à réparer leurs pertes, à lier leurs intérêts avec ceux des Arabes de Moka, qui redoutent beaucoup le voisinage des troupes du Pacha d'Egypte; l'on voit par là que l'Edjas seule est faiblement occupé, mais que le pays de Nejid est totalement évacué; ce pays est habité par les Wechabites; ces réformateurs, que l'on peut appeler les protestans de l'islamisme, peuvent mettre facilement 30,000 hommes sous les armes et s'adjoindre 20,000 cavaliers arabes-bédouins, des déserts entre el Kalif et les côtes de la Mer-Rouge, mais ils comptent beaucoup sur quelques améliorations qu'ils cherchent à introduire dans leur discipline militaire; on l'a remarqué dans les dernières affaires qui ont eu lieu avec eux.

La famille des Souhoud était celle régnante à Derreyhiery. Lorsque Ibrahim-Pacha s'est emparé de cette capitale de l'Arabie centrale, tous les individus des deux sexes de cette famille ont été transportés en Egypte; Abdallah Ebn Souhoud, le chef, conduit à Constantinople, y a été étranglé par ordre de la Porte, ses frères et ses fils sont tous au Caire; un de ces derniers est parvenu à s'évader au mois de mai dernier; il n'y a pas de doute, qu'il se soit retiré dans le Nejid, toutes les démarches pour son arrestation ont été infructueuses.

II.

Il est faux que les états de Hadramouth et de Zahraa obéissent au pacha d'Egypte; ils dépendent en entier du shérif de Moka; nulle autre relation que celle du commerce n'existe entre les deux états; dans ces contrées, l'influence anglaise est positive; le shérif de Moka a des troupes à l'européenne, instruite par des officiers de la compagnie anglaise dans l'Inde.

Les relations de commerce avec le pays de Moka sont aujourd'hui entre les mains des négocians du Caire, qui vont sur les lieux, y achètent du café, des gommes, des épices de l'Inde, et les échangent contre des riz, blés et du numéraire; mais les habitans du pays n'aventurent plus leurs propriétés, en les faisant entrer à leurs risques et périls dans les ports de Suez et de Cosseir, attendu qu'ils craignent de les voir prendre de force par les agens du pacha, qui les taxent arbitrairement et donnent en échange des denrées au prix qu'ils veulent.

Il est avéré que peu de vrai café Moka arrive aujourd'hui en Egypte; c'est du café du pays de Nejid et de Ledjas.

III.

Le fort construit à Dougsla est une mauvaise enceinte palissadée avec des dattiers; à mon départ de l'Egypte, la garnison, qui n'est que de 300 hommes pour toute la Nubie, s'était révoltée et arrêtait tous les convois destinés pour le Sennaar et le Curdoffan, parce qu'elle n'était pas payée depuis quinze mois.

Les numéros 4 et 5 sont exacts.

VI..

Je ne vois pas comment M. M..... peut avancer que le sultan de Darfour agit contre ses intérêts, en disant qu'il a retenu en ôtage le bey que le vice-roi d'Egypte lui a envoyé, et que les caravannes ne se dirigent plus sur l'Egypte; ces faits sont vrais; mais qui a forcé cet état de choses, c'est le pacha d'Egypte, en envoyant un bey dans le Darfour; son but était de faire espionner le pays, et si les caravannes prennent aujourd'hui une autre direction, c'est qu'elles cherchent ailleurs ce qu'elles ne trouvaient plus en Egypte : sûreté, protection et liberté de commerce.

VII.

M. M..... ne connaît pas la politique du pacha d'Egypte; deux chefs puissans se disputaient la suprématie dans les montagnes du Liban, le cheick Békir et l'émir Békir. Le premier, protégé par la pacha de Damas, et le second par celui d'Acre.

Le pacha d'Acre, déjà deux fois révolté et réconcilié avec la Porte, par le patronage de Mehemet-Ali, s'est déclaré l'obligé du pacha d'Egypte; il lui témoigne une grande reconnaissance et vénération.

Dans la contestation entre les deux prétendans à la puissance dans le Liban, Abdallah, pacha d'Acre, a représenté : « Si nous laissons triompher le parti du pacha de Damas, nous agirons contre nos intérêts, qui sont communs, et contre vos projets futurs que je seconderai toujours de tous mes moyens ; écrasons promptement l'antagoniste de notre protégé, nous affaiblirons par là votre rival en Syrie et vous aurez à votre disposition le chef des Druses ; je vous envoie son fils aîné, qui restera chez vous comme ôtage et garant de la fidélité du père. Mohamed-Ali, dont les projets sont d'agrandir sa puissance en joignant la Syrie à l'Égypte a donné dans ce projet ; il a de suite autorisé le pacha d'Acre à déclarer que, si le cheick Békir ne reconnaissait pas la suprématie de l'émir, il enverrait au secours du dernier un régiment de 4,000 hommes d'infanterie régulière pour tout mettre dans l'ordre ; les partisans du cheick Békir, effrayés de cette menace, ont envoyé des députés à Abdallah Pacha, qui, pour garantie de la soumission qu'ils venaient lui offrir, exigea la tête du cheick Békir, ce qui lui fut accordé. »

Aujourd'hui, le Liban est paisible sous les ordres de l'émir Békir et le patronage d'Abdallah, pacha d'Acre; mais la reconnaissance de ce Pacha envers Mohammed-Ali semble se refroidir en même proportion que l'influence et la puissance de celui-ci décline; un fait que l'on ignore et qui est positif, c'est que le Pacha d'Acre, sachant le mauvais état des affaires de Mohammed-Ali, craignant de voir celui-ci rappeler ses troupes de Morée et de les voir descendre en Syrie, vient de faire enlever dans les mois de mai, de juin et juillet derniers toutes les récoltes de blé de la Syrie et de la Palestine, pour approvisionner la place d'Acre, ce qui démontre évidemment que toutes ces protestations de dévouement et les services que Mohammed-Ali lui a rendus sont oubliés; par l'enlèvement forcé des récoltes, la famine s'est déclarée en Syrie et en Palestine; des populations entières périssent de misère; mais que font ces malheurs des peuples à un tyran? rien. Ses magasins sont pleins, sa place est bien approvisionnée, 300 pièces de canon garnissent ses remparts, dont les fortifications ont été considérablement augmentées; il est en état de parer à tous les événemens : quel est l'œil, habitué aux événemens de l'empire ottoman, qui ne voit pas dans cet état de choses les conseils de la Porte qui, pour paralyser la puissance de Mohammed-Ali, lui suscitent des ennemis partout où il pourrait avoir l'intention ds porter sa puissance.

VIII.

Il est vrai que Mohammed-Ali commande en Chypre et en Candie; mais ces commandemens sont onéreux à sa puissance; il occupe militairement les forteresses de ces deux îles; mais les contributions sont au profit de la Porte; la justice se rend par les agens du grand-seigneur, qui n'ont aucun ordre à recevoir du gouverneur militaire, du Pacha d'Egypte.

IX.

La Porte n'a eu d'autre but, en déterminant le Pacha d'Egypte à porter son armée en Morée, que d'affaiblir celui-ci; tout le fardeau de la guerre a pesé sur lui. Il en est tellement convaincu aujourd'hui, qu'il a donné à son fils l'ordre positif de s'en tenir à l'occupation des places de Navarin,

Modon et Coron, de tenir Tripolitza et rien de plus; depuis la prise de Missolonghi, Ibrahim-Pacha exécute littéralement les ordres de son père; il a néanmoins tenté quelques expéditions contre les Mainottes, mais elles ont toutes échouées contre le courage de ces anciens Spartiates, habilement commandés par Pétro-Bey et son fils.

X.

Dans le prochain mémoire que je soumettrai au gouvernement de sa majesté, je répondrai au contenu du paragraphe de M. ....., concernant l'armée du vice-roi, et aux moyens de défense que présentent les places d'Alexandrie, Aboukir, Rosette, Damiette, etc.

Je donnerai également une situation de sa marine actuelle, de l'état du port d'Alexandrie.

Je traiterai exactement l'article qui concerne son commerce, ses exportations, les importations de l'étranger, ses manufactures; en un mot, tout ce qui a rapport à l'état actuel du pays.

Je ne puis passer ici sous silence un article que M. ..... ne rend pas exactement, celui de la manufacture de drap de Boulac; cette manufacture est dirigée par ..... lui-même; il se garde bien de citer un fait qui est autant en opposition avec les intérêts de la métropole française.

XI.

Les Européens vendus au Pacha présentent tout ce qu'il fait sous les couleurs les plus séduisantes; quand il cite la vaccine et les chirurgiens qui la pratiquent, l'on croirait que tous les disciples du docteur Janner sont répartis sur la surface de l'Egypte pour y étendre le bienfait de la vaccine, il n'en est rien et je puis l'affirmer. Deux chirurgiens avaient été désignés à cet effet, mais les paysans se sont imaginés que le but du Pacha était de marquer les Egyptiens qu'il destinait au service de ses armes, et bientôt ces mêmes chirurgiens ont été obligés d'abandonner ce projet salutaire; aujourd'hui il n'y en a pas un seul qui vaccine dans le pays.

XII.

Il est vrai que le canal Joseph a été curé l'été

dernier, que le Fayoum en retire un grand avantage ; les autres canaux indiqués dans ce paragraphe ont également été curés, mais ce n'est pas le tout que de rendre l'eau à ces moyens d'irrigations ; pendant les basses eaux, il faut des sakies, et voilà ce qui manque ; il y aurait même des sakies en nombre suffisant, que les bœufs pour faire aller les manéges manquent, et que le Pacha a donné les ordres pour en faire venir du Curdoffan, mais sur 16,000 têtes enlevées au pays, à peine 1,200 sont arrivées en Egypte, et ceux parvenus périssent faute de moyens pour les faire réussir dans un pays où ils changent, en arrivant, de nourriture et d'entretien. Un autre grand inconvénient, c'est qu'aussitôt leur arrivée, on les emploie aux travaux, ce qui finit par les détruire.

XIII.

Dire que Mohammed-Ali est mal secondé dans toutes ses entreprises, c'est la vérité ; mais aussi, ce qui dégoûte les soins de tout concours à ses projets, c'est qu'il entreprend trop à la fois.

XIV.

Le Kiaya-Bey, désigné dans ce chapitre, était le plus grand opposant aux volontés et projets du Pacha; Mahmoud-Bey, Arnaute d'origine, vendu à la Porte, a été démasqué par toutes les mesures d'opposition qu'il prenait; cet homme cherchait plus à faire sa fortune qu'à seconder celle de son maître. On a saisi dans le mois de mars dernier plusieurs caisses d'or et de bijoux qu'il cherchait à évacuer sur Constantinople; il a été destitué, remplacé par un jeune homme de 28 ans, neveu du pacha Shérif-Bey. Mahmoud-Bey a été envoyé dans les provinces, et à mon départ d'Egypte, les bruits couraient qu'une indigestion lui avait causé la mort.

XV.

Je donnerai dans mon mémoire des notes exactes sur la capacité de tous les grands personnages qui font aujourd'hui partie de l'autorité en Egypte, sous les ordres de Mohammed-Ali.

J'y joindrai une notice historique sur le Pacha.

XVI.

Je regarde comme justement exagéré ce qui concerne les revenus de l'Egypte, portés par le sieur ..... à 120,000,000 millions de francs par an ; je fournirai des notes exactes à ce sujet, elles sont le résultat des relevés fidèles des registres de recette. Je les ai obtenus de mains sûre.

REVUE

DES LETTRES DU GÉNÉRAL L..... AU GÉNÉRAL BELLIARD.

EN 1825 ET 1826, PAR LE GÉNÉRAL.....

J'ai remarqué une erreur dans les lettres du 25 avril, concernant les traitemens des officiers avec contrat.

Les traitemens sont :

                                              Piastres fortes.

Colonel. 3,000
Chef de bataillon. 2,000

Major,
Lieutenant-colonel } même traitement :

Indemnité d'habillement du colonel, 4,000 piastres turques par an. . . . 266

Indemnité d'habillement pour les chefs de bataillon et autres grades supérieurs. 100

Indemnité de vivres pour un colonel. 600

Indemnité pour les grades supérieurs au-dessous du colonel. 240

Indemnité d'habillement pour le grade de capitaine, par an. 80

Indemnité de vivres, par an. . . . 120

Les colonels et autres officiers d'infanterie, attachés au camp, n'ont droit à aucun logement en ville; on leur fournit seulement des tentes au camp, mais sans aucune espèce d'ameublement intérieur.

A mon arrivée en Égypte, le gouvernement m'a habillé en nature, ainsi que tous les officiers venus avec moi. Le général L..... et moi avons reçu à cette époque chacun un cachemire très-ordinaire, et le costume était de drap très-commun; l'habillement des officiers et des médecins était d'un drap qui ne valait pas 12 fr. l'aune. Au bout de six mois, cet habillement dut être renouvelé, mais au lieu de le fournir en nature, on le remplaça en argent, au taux indiqué d'autre part ; et la somme donnée suffit à peine pour le cachemire, qui est de rigueur dans le costume du pays, surtout pour ceux qui sont en dignité.

Il est bien avéré que le pacha avait des intentions bien prononcées, pour qu'à mon arrivée en Egypte, j'y fusse traité avec distinction et considéré par toutes les autorités du pays. Effectivement, dès mes premières visites aux grands du pays, tous m'ont témoigné l'accueil le plus distingué, m'ayant reçu debout, venant au-devant de moi jusqu'à la porte d'entrée de leurs salons, et me reconduisant de même. Le ministre de la guerre a employé le même cérémonial à la première entrevue, il lui avait été ordonné par le pacha ; mais dès la seconde visite, cette déférence n'avait plus lieu, il restait en place, à peine s'inclinait-il, ses gens ne se dérangeaient plus pour me laisser passer ; tout indiquait que cette autorité me voyait avec peine et jalousie, attendu qu'elle avait reçu l'ordre de me consulter et de n'agir que par mes conseils.

Dans l'armée, jamais un colonel turc ne m'a fait sa visite, et lorsque j'entrais chez le ministre et que des officiers supérieurs de l'armée s'y trouvaient, aucun ne bougeait.

Le Defterdarbey, gendre du Pacha, s'est toujours distingué des autres autorités du pays, par l'accueil distingué et gracieux qu'il m'a toujours fait ; il m'a souvent entretenu des préjugés du ministre de la guerre qu'il n'aime pas ; un neveu du Pacha, Toussoun-Bey, mort dans le mois de juillet dernier, me témoignait également les plus grands égards ; l'un et l'autre venaient fréquemment chez moi et s'entretenaient d'histoire, de nos guerres, de nos arts, des peuples civilisés de l'Europe et déplorait la turpitude et l'ignorance des Orientaux. Toussoun-Bey était de bonne foi dans ses conversations ; mais le Defferdar prenait part à de semblables entretiens dans l'unique but de complaire à un Européen.

La lettre du 9 juin renferme également des erreurs sur les Européens qui ont suivi l'expédition d'Ibrahim-Pacha en Morée. Il y est dit que Guirau, Français, était ancien lieutenant de vaisseau. Ce fait est inexact, Guiraud était, lors de la dernière expédition de l'Espagne, maréchal-des-logis dans un des régimens de dragons de l'armée de Catalogne; il a déserté aux apostoliques, de ceux-ci aux bandes constitutionnelles, a été condamné à mort par un conseil de guerre, et à la soumission au roi, il s'est évadé, embarqué, et parvenu en Egypte, il a déclaré avoir été adjudant-major dans l'ex-garde impériale, il s'est fait Turc et a été attaché dans son grade au 9e régiment de ligne; toute cette métamorphose avait eu lieu avant mon arrivée en Egypte, où j'ai trouvé ce Guiraud, qui n'a jamais paru en Morée, remplissant ses fonctions au 4e bataillon du 9e régiment; ce bataillon est depuis 15 mois en garnison dans Alexandrie; il détache de temps à autre des compagnies d'élite sur les bâtimens de l'escadre égyptienne. Guiraud, craignant de se voir obligé d'embarquer définitivement pour la Morée, a déserté son poste au mois de juin dernier; il a été favorisé dans son évasion par le consulat anglais, qui l'a fait transporter à Malte, d'où il est rentré en Provence, sa patrie, et l'on m'a assuré qu'il exerce aujourd'hui la profession de maître d'école dans son village.

Le Pacha et ses agens ont fait faire, à l'époque de la désertion de Guiraud, beaucoup de démarches pour son arrestation, et le ministre m'a dit : Si on l'arrête, je le ferai mourir sous le bâton.

Par la même lettre, je vois que ..... emploie beaucoup votre crédit pour lever toutes les difficultés qu'il a éprouvées pour les constructions des navires du Pacha ; j'ai lu plusieurs de ses lettres au sieur Boghos, dans lesquelles il ne parle que des démarches qu'il est obligé de faire personnellement près des ministres de S. M., pour lever tous les obstacles apportés aux constructions. Ses lettres ne font mention que de lui et jamais des secours des seules personnes qui ont contribué à les faire lever. Mais en Égypte, l'on est pas dupe de ce genre, l'on sait, que de paisibles négocians de Marseille, MM. Sicinia et Tositsia, gens d'origine italienne sont parvenus, sans protection quelconque à construire deux corvettes et un brick ; l'on en conclut que le général ..... vante beaucoup trop ce qui s'obtient à prix d'argent ; ce qui confirme cette opinion, c'est que, le 12 du mois de novembre dernier, les mêmes entrepreneurs ont mis sur chantier, à côté de celui des bâtimens du général ....., une corvette de trente canons, ce qui, certes, ne fera pas plaisir à ce général, qui voudrait voir toutes les entreprises du Pacha passer par ses mains.

A Venise, on construit dans ce moment une frégate de 64 canons et deux corvettes.

A Livourne, une pareille frégate et deux bricks.

J'ai entendu dire à des armateurs, à Marseille, que les bois qui servent à construire les frégates du général ....., sont de très mauvaise qualité. Je soupçonne qu'il y a de l'exagération dans ce fait, et ce qui me le prouverait, c'est que la préférence donnée pour la construction est entre les mains d'un ingénieur de la marine royale, parent du ministre de la guerre Clermont-Tonnerre, au détriment des constructeurs du commerce qui désiraient avoir l'entreprise. Au reste, l'événement arrivé à la frégate du Pacha, à Marseille, a fait le plus grand plaisir aux constructeurs de la marine marchande; cet événement aura beaucoup dérangé les projets du général ....., puisqu'il est à la charge du Pacha et que déjà plus de 120,000 fr. ont été dépensés pour la réparation à faire à la frégate.

Nul doute que M. Drovetti est fortement intéressé dans les constructions que fait le général ..... ; il l'est aussi dans celles des maisons grecque Sicinia et Tosicha, puisqu'elles sont commandées par un sieur Baltalon, beau-frère de madame Drovetti, négociant à Marseille; et lorsque ..... dans sa lettre du 19 novembre 1825, nous prie de répondre à ces dernières que le gouvernement a refusé son autorisation pour les constructions qu'ils sont chargés de faire, afin que toutes ces entreprises militaires pour l'Égypte rentrent dans la même main (car ce sont les propres expressions de .....), cela prouve bien évidemment l'envie de tout accaparer.

La lettre du 4 juin vous mande qu'il est parvenu à réunir la compagnie pour le commerce d'Egypte; ..... se trompe dans son énoncé, il cite la maison Viollier et Grabaud de Livourne, comme ayant donné son consentement à cette association imaginaire, tandis qu'il est notoire que cette maison est le principal agent du Pacha en Europe, qu'elle a à Marseille la maison Gauthier pour son associé. Comment une maison, qui a tant davantage à faire à elle seule les affaires du Pacha, consentirait-t-elle à partager avec d'autres; je sais de source certaine que des démarches puissantes ont été faites en Egypte près du Pacha pour l'engager à repousser toute association française présentée par le général ....., qui ne présente aucune solidarité; et à cet égard, tous les antécédens de la vie du général ....., n'ont point été épargnés, et c'est sans doute à tout ce qui a été dit au vice-roi que l'on doit attribuer le non succès de ce général dans l'entreprise qu'il avait projetée à cet égard. Il est du reste constant, que le port de Marseille est et sera toujours le seul et unique débouché des produits agricoles de l'Egypte en Europe; le Pacha, trompé et abusé par la maison anglaise, Brigs et Thorbon de Liverpool, expédie aujourd'hui très-peu de denrées pour ce pays, et verse de préférence à Marseille, Livourne et Trieste. La France à elle seule obtient les deux tiers de la récolte du coton; les droits de douane français sont les moins onéreux, et c'est là le motif unique qui fera toujours donner la préférence au port de Marseille, tant que ces mêmes droits de douane ne seront pas augmentés.

Lors de l'arrivée de ..... en Egypte, en 1825,

mois d'août, il apporta au Pacha un cadeau militaire consistant en artillerie; à Boyhos, un service en porcelaine; il a fait annoncer au ministre de la guerre, que M. de Clermont-Tonnerre lui enverrait incessamment une paire de pistolets garnis en or; tout cela a été étalé avec une véritable jactance gasconne; en promettant ces cadeaux avec Drovetti, l'un et l'autre se sont donné les gants et ont fait valoir leur seule et unique influence pour ces cadeaux; mais j'avais en même temps reçu une lettre de vous, qui m'annonçait vos démarches et réussites dans cette affaire; sa publication a beaucoup contrarié ces deux entrepreneurs d'affaires.

Je vois, par la lettre du 25 avril 1826, que l'on répond à notre demande sur ce que coûterait d'achat et de transport en France, deux chevaux et deux jumens de race arabe; la réponse est de 30 à 36,000 fr.; pour moi je crois qu'avec 12,000 fr. de moins l'on ferait très bien cette commission.

Dans le court séjour que j'ai fait à Marseille, après ma quarantaine, j'ai vu que l'armement des frégates est anglais, que les ancres proviennent également des fonderies de ce pays; comment se fait-il que cette préférence soit donnée au pays rival de la France, de quel mauvais effet cela ne sera-t-il pas à l'arrivée de ces bâtimens en Egypte, de voir des constructions françaises armées de canons et d'ancres anglais !

Le général ..... s'occupe d'envoyer au Pacha un rapport dans lequel il lui propose un autre officier général pour me remplacer; il disait hier : Beaucoup se présentent chez moi pour aller en Egypte. J'y ai vu le général Poret de Morvan. Je doute que ..... ait reçu la commission pour engager un autre officier général, mais il est dans son intérêt d'en proposer, afin de rester chargé des commissions et constructions.

L..... se livrant toujours aux rêves de son imagination vous parle, dans sa lettre du 5 avril 1825, de l'intention du vice-roi de former une cavalerie régulière, rien de plus faux que cette supposition ; le Pacha a en Egypte 8,000 hommes de cavalerie turque composée de Délis, tous asiatiques; aucun de ces cavaliers ne consentirait à une organisation méthodique. Ces cavaliers, tels qu'ils sont aujourd'hui, appartiennent à des beys qui ont offert leurs services au Pacha à des conditions convenues et pour un temps limité; les propriétaires quitteraient tous l'Egypte si l'on cherchait à les astreindre à un service qu'ils détestent tous, et le pacha se gardera bien de rien faire qui contrarie une force armée aussi imposante, et qui, étant répartie sur la surface de l'Egypte, la pillerait et la dévasterait en entier si on cherchait à lui donner une autre organisation.

Lorsque le pacha a voulu organiser son infanterie, il a d'abord éloigné de l'Egypte tous les Albanais et les Arnautes, qui se trouvaient au nombre de 30,000 fantassins; il les a disséminés dans le Sennaar, le Cordoffan, l'Arabie centrale, Chypre et Candie. Une fois sortis d'Egypte, il a pu organiser son armée parce que les élémens d'opposition n'étaient plus sur les lieux.

Aujourd'hui, il lui est de toute impossibilité d'organiser de la cavalerie, l'Egypte n'a plus de chevaux; les races sont détruites, et l'on ne fait rien pour réparer le mal fait, et dont je ferai connaître les causes.

Je ne crois pas que le pacha ait l'intention de faire venir un autre officier-général pour me remplacer; la présence d'une autorité semblable dans son armée n'est agréable, ni à son ministre, ni à son major-général, ni aux officiers supérieurs de son armée. Cependant, si semblable demande se faisait, je dois croire que le général L..... vous consulterait; c'est alors, mon général, que je vous soumettrai mon projet de contrat, basé sur la connaissance que j'ai des localités; contrat que le général qui accepterait la mission, fera bien de faire approuver avant de partir. Sans cette mesure de précaution indispensable, il peut et doit s'attendre à être la risée des Turcs, qui se croient supérieurs à nous en tout, excepté en tactique militaire; connaissance qu'ils cherchent à acquérir, et dont ils se flattent déjà de faire un emploi formidable, même aux dépens de ceux qui la leur enseigneront.

J'ai vu M. Jomard, il est très-mécontent des élèves Egyptiens, qui d'abord mis sous ses ordres et direction, ont été pendant un mois assez soumis à sa discipline, qu'ils éludent aujourd'hui avec arrogance, ayant acquis la preuve qu'en même temps qu'il avait reçu les pouvoirs de tout faire pour la meilleure et plus prompte instruction de ces jeunes gens, ceux-ci, de leur côté, étaient autorisés par le pacha à se gouverner par eux-mêmes, sans égard aux autorisations données à M. Jomard. Dans ce conflit, je reconnais toujours le caractère turc, méfiant au suprême degré; et qui sait si Drovetti n'a pas donné, au caractère des instructions prescrites au nom du pacha, celui de la duplicité et fourberie de son origine.

Alexandrie, 26 janvier 1826.

A MONSIEUR LE GÉNÉRAL L.....

(*Confidentielle.*)

Mon cher général,

Messieurs Benad et Daniel m'ont expédié deux caisses contenant des tableaux; celle qui portait les dessins des deux navires pour S. A. le pacha, me fut consignée; l'autre ne se trouve pas. Le capitaine prétend qu'on ne lui a pas remis. Pourtant, point de lettres de votre part ; ce long silence

commence à m'inquiéter, et m'est d'autant plus
sensible que je me vois condamné en tout ce que
je fais et cherche à faire pour nous conserver l'influence et la prépondérance dont nous avons joui
jusqu'ici en Égypte. Les officiers de notre marine
viennent ici, non plus comme autrefois, pour m'ai-
der dans la lutte que j'ai à soutenir avec nos anta-
gonistes, mais pour paralyser nos opérations. Il
n'est plus question pour eux des vrais intérêts de
la France, on ne les conçoit plus d'après leur opinion, qu'autant qu'ils s'accordent avec le triomphe
de la cause des Grecs. Nos navires de l'État se succèdent dans ce port sans interruption. Nous y
avons maintenant l'*Amaranthe* et le brick *Mar-
souin;* la première retourne de la Syrie, où le
commandant, M. de Bruière, prétend avoir fait
respecter notre pavillon; l'autre est venu pour es-
corter ceux de nos navires marchands qui voudraient aller à Chypres, *Bairoudlez.* Or, nous n'a-
vons plus un seul bâtiment qui fasse cette caravane;
ils sont tous partis ou partent pour la France.
Ceci s'appelle fermer l'écurie après que les bœufs
en ont été amenés. On ne peut pas en faire reproche à notre digne et brave amiral qui connaît

bien sa vraie position, et surtout ce qui convient à la politique de notre gouvernement; il avait proposé l'excellente mesure de rendre toute la marine grecque responsable des insultes qu'on ferait à notre pavillon ainsi que des déprédations qu'on commettrait sur nos navires; mais on n'a pas cru à-propos de la seconder. C'est cependant par le moyen de cette responsabilité commune que nous sommes parvenus dans le temps à extirper le brigandage et l'assassinat en Italie, en Espagne. Les Anglais travaillent les esprits turcs dans tous les sens pour les convaincre qu'ils ne sont pas partisans des Grecs, et pour leur persuader au contraire que ce sont les Français qui les soutiennent dans l'insurrection. Le commodore Hamilton est parvenu à faire croire au Capitan-Pacha et Ibrahim-Pacha que la Morée se serait soumise depuis longtemps sans le général Roche et le colonel Fabvier, qui organise et discipline les Grecs; sans les officiers du génie et de l'artillerie arrivés dernièrement à Naples de Romanie, où ils ont porté des munitions de guerre; sans l'espoir qu'ils ont d'avoir à leur tête un prince de la branche d'Orléans. Dans mes précédentes, je vous ai entretenu des offres de services faites par le même commodore à Mehemet-Ali, de l'arrivée de trois bâtimens de guerre anglais en moins de deux mois ; des intrigues enfin qu'on a ourdies pour regagner les bonnes grâces du vice-roi. Tout cela va bon train pour eux, et nous commençons à reculer ; il est déjà question d'envoyer en Italie plutôt qu'en France les jeunes gens que S. A. se proposait de faire élever à Paris ; M. Walmas, qui comme vous savez est tout britannique, s'agite pour faire mettre à la tête des fabriques de Son Altesse un certain Gullowais. Ils ont craint la trop grande influence que prenait M. Cadet Devaux, et ils travaillent à le supplanter ; je suis persuadé qu'à l'aide de ces manœuvres, qui malheureusement trouvent un appui dans certaines apparences, le nouvel ambassadeur Strangford Canning ne tardera pas à tenir le haut bout à Constantinople ; et nos marins, que disent-ils aux Turcs ? qu'à Paris, qu'en France, tout le monde est Grec, qu'ils ne doivent plus s'attendre à aucune facilité de la part des Français, surtout de la marine, qui est dans le Levant. Voilà les échos de la politique des salons de Paris, du *Constitutionnel* et du *Cour-*

rier, et puis ceux-ci vantent la belle conduite du ministère anglais! En vérité, on ne sait que devenir lorsqu'on a affaire à de pareilles gens; il vaut bien mieux se retirer dans un coin, et n'être que témoins insensibles de leurs folies. Aussi, je me propose de profiter, au printemps, du congé qui m'a été accordé; en nommant M. Malvina consul en Egypte, on a désigné mon remplaçant en cas de besoin. Ce ne sera certainement pas de mes mains que devra se glisser, dans celles des Anglais, le fil directeur que j'ai su nous conserver depuis vingt-trois ans que je suis en Egypte.

Maintenant les Philellènes crient *evoa* pour la mort d'Alexandre, et à les entendre, son successeur est déjà sur le chemin de Bizance; comme si les autres puissances de l'Europe, réduites à l'imbécillité, ne sentaient pas qu'elles doivent à leur salut de s'opposer à un plus fort agrandissement de l'empire russe. On fera bien quelques concessions en faveur des Grecs pour contenter le nouvel empereur, si celui-ci s'en contente; mais cette concession ne dépassera peut-être pas les vœux d'Alexandre, qui voulait donner des princes à la Morée, tributaires de la Porte. Ce *maximum* serait la pire des conditions pour les Hellènes. On sait comme sont administrées les provinces de Valachie et de la Moldavie; elles sont les plus malheureuses de l'empire ottoman. Au reste, ces contingens futurs ne me regardent plus; il se passera encore quelque temps avant les funérailles à Saint-Pétersbourg du pacifique Alexandre; il en faudra pour le couronnement de son successeur, et d'ici là, il y aura encore temps et matière à réflexion. Pardonnez-moi mon verbiage, mon cher général, et croyez qu'en Egypte, comme partout ailleurs, je serai toujours,

Votre tout dévoué,

DROVETTI.

A MONSIEUR LE LIEUTENANT-GÉNÉRAL, COMTE

BELLIARD.

(*Confidentielle.*)

Mon Général,

J'ai mis sous les yeux du ministre la note que vous m'avez transmise relativement à une demande faite de la part du vice-roi d'Egypte, pour avoir des modèles d'armes et d'effets d'équipement, pareils à ceux des lanciers de la garde royale.

Son Excellence ne voit aucun inconvénient à faire fournir ces modèles ; mais il est indispensable que cette affaire soit traitée directement par des négocians vis-à-vis du ministre de la guerre.

Cette même note rappelle une demande faite par le sieur Blanchard de Bassy, pour une fourniture d'armes blanches, fusils et projectiles, et pour obtenir un permis d'exporter. Pour donner ce permis d'exportation, il est nécessaire que M. Blanchard de Bassy en fasse la demande, et qu'il indique, d'une manière précise, l'espèce et la quantité des objets à exporter; les établissemens où ils ont été fabriqués, leur destination, le port par lequel ils doivent sortir de France, le nom du bâtiment qui doit les exporter, et celui du capitaine qui le commande.

Dès que ces détails seront parvenus au ministère, le permis d'exportation sera envoyé à

M. Blanchard, et les avis nécessaires seront donnés à M. le directeur général des douanes, ainsi qu'à S. Ex. le ministre de l'intérieur.

J'ai l'honneur d'être, avec une haute considération,

    Mon général,

Votre très-humble et très-obéissant serviteur,

    Comte DU COETLOSQUET.

FIN DU TROISIÈME ET DERNIER VOLUME.

Frohsdorf le 1er février
1821

J'ai été bien heureuse, Général, de recevoir de vos nouvelles par le Général MacDonald, et d'apprendre que vous ne nous avez pas oublié. Je n'ai pas répondu plutôt à votre aimable lettre, parceque les occasions sures ne se sont pas offertes, plutôt et que je craignais de vous compromettre. La lettre du Roi que vous me faites demander par le Général ne se trouve pas dans mes papiers, car j'ai toute sa correspondance excepté la sienne avec moi. Il m'a dit que vous désirez aussi beaucoup de renseignements; tout est impossible à envoyer, mais si vous me faites connaître les pièces que vous désirez, croyez d'avance à tout le plaisir que j'aurai à les faire copier pour vous.

Recevez, Général, l'assurance de toute mon amitié.
Caroline

À Monsieur
Monsieur le Général Bellair

Paris le 29 Avril 1831

J'ai passé hier toute la journée à causer des affaires
de la Belgique, et avec mon Gouvernement, et avec
les Ministres des grandes Puissances, hier j'ai de
nouveau débattu les intérêts de ce Siège et interessant
pays, toutes mes raisons sont goûtées, mais il faut
que le Protocole soit accepté sans restriction, les
affaires d'échange de territoire s'arrangeront après
et convenablement, le lendemain de l'acceptation
un Roi sera nommé, le lendemain on peut nommer
le Souverain &c. Je vous expliquerai tout cela aussitôt mon
arrivée qui aura lieu mardi; le Luxembourg sera
détaché de la Hollande, et ne fera pas intégrante de la
Belgique, il sera régi par une constitution et des
Lois particulières, je sors d'une conférence de deux
heures avec les Ministres du Roi, je recevrai mes ordres
demain je pense et lundi matin pour le plus tard je
serai en route, il y a unanimité de sentiment, et de
Résolution entre les Cinq grandes Puissances
Communiquez ma lettre au Sr. de Sagent et sous
le plus grand Secret, faites lui mes amitiés
ne m'écrivez plus à Paris j[']
ayant une sentiment [?] emporté

augte. Belliard

6 octobre 1813

Mon frère, je reçois votre lettre. Le passage de l'ennemi sur le Bas Elbe ne doit en rien empêcher votre opération. La position du P.ce Poniatowsky à Penig est très favorable à l'occupation de Chemnitz. Toute l'armée de Silésie, commandée par le G.al Blücher, a filé du Côté de Wittenberg, de manière qu'il ne reste personne devant Dresde. Nos reconnaissances ont été jusques à Camenz et à Koenigsbruck.

Votre affectionné frère

Napoléon

à Dresde, le 6 oct.e 1813
à 3 h. du matin.

au Roi de Naples.

Valdemoro le 6 aout 1809

à M. le general Belliard,

j'ai recu votre lettre du 5. l'armée ennemie de la Manche est rejettée au dela du tage, elle a coupé les ponts, quoique renforcée de 10 Mille hommes de l'armée de Cuesta elle fuit ; Tolede est en bon etat : le Mal. Victor se porte sur les derrieres de l'armée anglaise renforcée de trois divisions de celle de Cuesta que l'on croit etre de sa personne à l'armée de la Manche ;

Le Mal. Soult est arrivée sur le tajo.

Madrid doit etre rassurée ; donnez à ces nouvelles toute la publicité qui vous paraitra convenable

votre affectioné

joseph

Vinkovo le 10 8bre 1812.

Mon cher Belliard, ma position est affreuse, toute l'armée ennemie est devant moi; les troupes de l'avant garde sont réduites à rien; elles souffrent de la faim, et il n'est plus possible d'aller fourrager sans courir presque la certitude d'être pris; il n'y a pas de jour que je ne perde de cette manière au moins deux cents hommes, comment cela finira-t-il... J'ai osé dire la vérité à l'Empereur; je lui ferai de la peine, n'y aura-t-il pas là des personnes toutes officieuses pour empoisonner nos rapports, ma foi tant pis., l'avenir ne prouvera que trop que j'avais Raison. dis me quelque chose du prince de neuchatel; que ne puis je voir l'empereur en ce moment. comment la Blessure; guoris-t-elle Bien vite et deviens me trouver. pourquoi n'a-t'il pas envoyé Lanusse que fait il?. ma Santé n'est pas toutout bonne et je Suis certain de faire une maladie aux premières pluies. mais que la volonté de Dieu soit faite.

L'empereur ne veut donc plus faire
pour l'[...] l'avait gardé. or j'en
plains hautement et [cela] n'ajouta pas
peu au dsagrément de ma position
enfin patience au bout [du fossé]
la culbute. envoi nous de la farine
ou nous allons mourir de faim. —
Donne moi des nouvelles; je ne sais
plus rien; et [tu] sauras que l'empereur
vient de nouveau d'empecher de [parlementer].

et c'est ce qui gêne davantage, ou j'étais sûr qu'on ne m'attaquerait pas sans être prévenu; cela faciliterait mes passages, je suis malheureux ici; quand l'empereur prendra-t-il un parti; que deviendra son armée cet hiver: adieu, payez toujours à mon amitié.

Lettre du Général en chef à la veuve de l'amiral Bruëix.

Votre mari a été tué d'un coup de canon en combattant à son bord. Il est mort sans souffrir et de la mort la plus douce et la plus enviée des militaires.

Je sens vivement votre douleur; le moment qui nous sépare de l'objet que nous aimons est terrible, il nous isole de la terre; et fait éprouver au corps les convulsions de l'agonie; les facultés de l'âme sont anéanties; elle ne conserve de relation avec l'univers qu'en travers d'un cauchemar qui altère tout. L'on sent dans cette situation que si rien ne nous obligeait à vivre, il vaudrait beaucoup mieux mourir; mais lorsque après cette première pensée on presse ses enfans sur son cœur, des larmes, des sentimens tendres raniment la nature, et l'on vit pour ses enfans. Oui madame, vous pleurerez avec eux, vous éleverez leur enfance, cultiverez leur jeunesse, vous leur parlerez de leur père, de votre douleur, de la perte qu'ils ont faite, de celle qu'a faite la République, après avoir attaché votre âme au monde par l'amour filial et l'amour maternel, appréciez pour quelque chose l'amitié et le vif intérêt que je prendrai toujours à la femme de mon ami. Persuadez vous qu'il est des hommes, en petit nombre, qui méritent d'être l'espoir de la douleur parce qu'ils sentent avec chaleur les peines de l'âme.

Bonaparte

caire 1798.

la veuve

leur enfance, cultiverez
parlerez de leur pères,
de la perte qu'ils
qu'a faite la République;

d'un   votre ame au monde
Dit à son   et l'amour maternel,
trir et   que chose l'amitié et
la plus   je prendrai toujours
en
                otre douleur, mon ami. Persuadez
   l'objet   hommes, en petit nombre,
   lè, il nous re l'espoir de la douleur
   lait éprouver tent avec chaleur les
   l'agonie: ne.
   péanties;
   avec

ndre

ry

au moins

TABLE

DES

MATIÈRES

DU TOME TROISIÈME.

Correspondance,	1 à 55
Lettre au Roi des Français,	57
Pièces justificatives,	77 à 90
Comme quoi il y a un appendice,	93
Appendice,	99
Première note,	101
Deuxième note,	104
Troisième note,	131
Quatrième note,	141
Cinquième note,	148
Sixième note,	165

TABLE DES MATIÈRES.

Septième note, 171
Huitième note, 181
Neuvième note, 187
Onzième note, *(Lisez* 10 *au lieu de* 11 et ainsi de suite jusqu'à la fin), 209
Lettre du général en chef à la veuve de l'amiral Brueix, 277
Situation de l'Egypte, 281 à 339.

FIN DE LA TABLE.

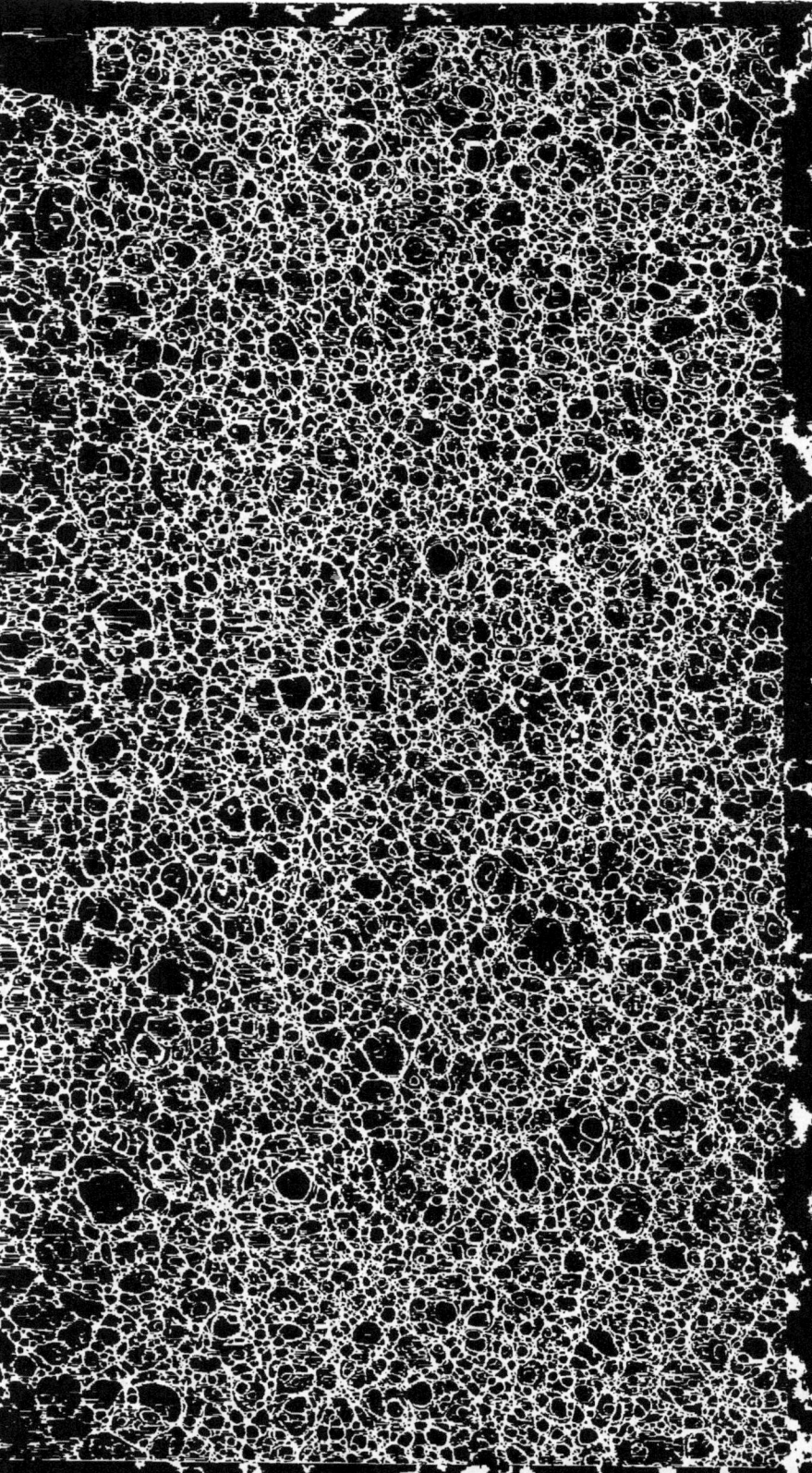

www.ingramcontent.com/pod-product-compliance
Lightning Source LLC
Chambersburg PA
CBHW050311170426
43202CB00011B/1849